Carmen

Murielle Lucie Clément

Carmen

MLC

Du même auteur :

Crime à Paris (roman)
Crime à Amsterdam (roman)
La Clarté des ténèbres (nouvelles)
Crime à l'université (roman)
Le Mythe de Noël (récits)
Le Pyrophone (poésie)
Sur un rayon d'amour (poésie)
Les Nuits sibériennes (poésie)
L'Arc-en-ciel (poésie)
Le Nagal (poésie)
Cantilène (poésie)
Spleen d'Amsterdam (poésie)

Editions MLC
Le Montet – 36340 Cluis
www.emelci.com

ISBN : 978-2-37432-042-7
Dépôt légal : mars 2017

A mes amis

Introduction

Une raison de prendre *Carmen* comme sujet d'étude réside dans la renommée internationale de cet opéra ou du moins, l'air du toréador et celui de Carmen sont-ils connus mondialement. *Carmen* est devenu un concept aussi bien pour des chanteurs du Bolchoï de Moscou, une association d'amateurs à New York ou les prisonniers d'une maison d'arrêt à Rueil-Malmaison. Il est toujours possible d'assister à la représentation d'un opéra et de s'adonner uniquement au plaisir des sens sans se poser une seule question, mais cet ouvrage est conçu pour appréhender une fraction des structures et des mécanismes inhérents à cette forme d'art complexe sans autre prétention que de soulever un coin du voile.

Dans un grand nombre d'articles de journaux, de magazines, mais également dans des reportages professionnels, *Carmen* est souvent mentionné comme étant l'opéra français le plus connu. Est-ce bien vrai ? Et cet opéra est-il représentatif de la culture française ? Le terme de culture employé ici dans le sens d'ensemble des aspects intellectuels propres à une civilisation, une nation, selon la définition donnée par le dictionnaire.

Notre ouvrage se présente en deux parties.

Dans « *Carmen* de Bizet », nous présentons un bref résumé de l'opéra en nous penchant sur les personnages, les lieux ainsi que sur l'histoire de l'opéra lui-même. Puis, nous devisons sur la place de *Carmen* dans le répertoire français. Nous étudions ensuite le livret et la musique. Nous recherchons aussi les divergences entre le personnage de Bizet et celui de

Mérimée. Dans une étude sur le sujet, aussi modeste soit-elle, il est impossible d'occulter la place de l'orientalisme à l'époque de la composition et son influence sur les œuvres des compositeurs et des écrivains et artistes d'alors. Nous y consacrons plusieurs paragraphes.

Le tableau « Les représentations de *Carmen* » nous montre la place occupée dans le monde international de l'opéra et parmi le nombre total de productions.

Nous survolons ensuite les adaptations diverses et relectures de *Carmen* au cinéma dans « *Carmen* sur pellicule ».

Avec « Carmen, une des femmes de Mérimée », nous comparons quatre nouvelles de l'écrivain ayant une femme comme héroïne : *La Vénus d'Ille* (1837), *Colomba* (1840), *Arsène Guillot* (1844) et *Carmen* (1845).

Nous présentons ensuite, de manière succincte, la naissance de l'opéra (L'opéra I) et les voix dont on y habille les rôles (L'opéra II), et enfin la voix opératique (L'opéra III).

Le chant et la danse ont leur place aux côtés de la voix humaine ainsi que l'apparition de la couleur bleue par rapport à cette dernière (« Le chant et la danse », « La voix humaine », « Le bleu de la voix »).

Nous terminons notre exposé par une démonstration de l'accessibilité de cet opéra pour tous et un livret simplifié pour une représentation par un groupe d'hommes incarcérés.

La mise en pratique de ce livret est exprimée dans la seconde partie de notre ouvrage où nous rapportons notre travail en atelier à la Maison d'arrêt des Hauts-de-Seine à Nanterre. Cette description de l'atelier a, par ailleurs, fait l'objet d'une publication antérieure dans l'un de nos romans, *Crime à Amsterdam*. Ainsi peut-on ici voir sous le titre de chaque chapitre de l'atelier qui s'est déroulé sur plusieurs jours, le nom et le numéro du chapitre dans le roman.

Pour pallier toute confusion, l'orthographe *Carmen* est employé pour l'opéra et Carmen pour le personnage.

Carmen de Bizet

La place de *Carmen* dans le monde international de l'opéra.

En entendant le mot opéra, la plupart d'entre nous pensent à l'Italie. D'un point de vue historique, cela est tout à fait juste. Mais, de nos jours, le monde de l'opéra est allemand. Les faits suivants parlent un langage clair.

a. Au cours d'une soirée quelconque, il y a autant d'opéras représentés dans les pays allemands que dans le reste du monde entier. Par allemand, il faut entendre les pays germanophones, c'est-à-dire l'Allemagne, l'Autriche et une partie de la Suisse germanique ainsi que du Luxembourg.

b. Dans une journée prise au hasard, il se

passe plus de répétitions d'opéra en allemand que dans n'importe quelle autre langue.

c. Les théâtres allemands emploient, à eux seuls, plus de chanteurs lyriques professionnels que tous les théâtres du monde réunis.

d. Les chanteurs retraités des théâtres allemands reçoivent une meilleure retraite que partout ailleurs dans le monde.

e. La plus grande partie des enregistrements de CD d'opéra se fait dans les pays allemands.

On doit donc obligatoirement conclure que l'Allemagne est passée au premier rang mondial en ce qui concerne le marché de l'opéra. Les statistiques démontrent ce qui se joue sur le plan du répertoire dans les théâtres allemands.

Sur les 275 théâtres qui ont participé à cette enquête, il y en a 228 qui ont représenté des pièces de théâtre, 82 des opéras, 83 des opérettes, 72 des comédies musicales, 58 des ballets et 138 des spectacles pour enfants. Les genres des œuvres représentées étaient respectivement les suivants : 253 opéras, 60 opérettes, 53 comédies musicales, 405 ballets, 1 034 pièces de théâtre et 192 pièces et spectacles pour enfants. Le nombre des représentations est comme suit : 7 970 opéras, 4 450 opérettes, 1 640 comédies musicales, 44 160 pièces de théâtre et 10 230 représentations pour enfants ; contre 19 théâtres lyriques en France avec 5 productions d'opéras par an ayant chacun une moyenne de 5 représentations. Les festivals ne sont pas pris en compte dans cette enquête à cause de leur nombre restreint en tant que producteur, le plus grand nombre d'entre eux invitant les productions qu'ils présentent.

Les tableaux montrent quels sont les opéras mis en scène (du moins ceux inscrits au répertoire) dans les théâtres lyriques et ceux qui attirent le plus grand public. Le premier opéra français à être mentionné sur les listes est *Carmen*.

Résumé de l'opéra

Voyons maintenant brièvement l'histoire de *Carmen*. L'héroïne, Carmen travaille dans une fabrique de cigares où ne sont employées que des femmes. Ce bâtiment est gardé par des soldats et à la fin de la journée de travail, ils viennent avec les bourgeois attendre les ouvrières. C'est surtout pour Carmen qu'ils se déplacent et se pavanent sur la place, celle-ci n'a que l'embarras du choix. Au moment où Don José, l'un des soldats, ne lui témoigne aucun intérêt, elle le provoque en lui lançant la fleur qu'elle porte en corsage. Micaëla, envoyée par la mère de José vient rendre visite à celui-ci et lui apporter une lettre du pays. Micaëla est une invention de Meilhac et Halévy, les librettistes. Elle est absente de la nouvelle. Le personnage de Carmen a été légèrement gommé ; Mérimée lui avait donné le statut de mariée, prostituée, voleuse et chef de gang.

Au cours d'une dispute, Carmen blesse l'une des ouvrières avec son couteau de poche. Le commandant ordonne à Don José de la conduire en prison puisqu'elle refuse de lui fournir la raison de son geste.

En chemin Carmen réussit à enjôler Don José pour qu'il la laisse s'échapper. Ce dernier doit pour cela prendre sa place en prison. Quelque temps après, Carmen rencontre Escamillo, un toréador, et elle ne reste pas insensible à ses charmes. Escamillo est la réplique de Lucas dans la nouvelle.

Lorsque José est libéré, Carmen l'invite à venir passer la nuit avec elle à l'auberge de Lillas Pastia, une taverne où les bandits se rencontrent pour préparer leurs coups. Parce que José, dans un accès de jalousie, provoque en duel un des amants de Carmen, qui par ailleurs s'avère être son supérieur, il est obligé de s'enfuir dans la montagne avec les contrebandiers. Il devient du même coup déserteur.

José veut convaincre Carmen de son amour, mais elle n'y croit plus et ne craint pas de le lui dire. Dans le repaire des bandits, chacun passe le temps comme il le peut. Carmen et ses amies se tirent les cartes. Elle y lit sa mort prochaine.

Micaëla vient prévenir José : sa mère se meurt. Il la suit à regret, ayant préféré rester auprès de Carmen. Escamillo à la recherche de cette dernière se retrouve nez à nez avec José.

Lorsque tout un chacun va à la corrida et que Carmen voit José surgir devant elle, elle sait que le moment est arrivé et qu'il la tuera. José lui demande de le suivre. Elle refuse. Il la tue. Fin de l'histoire !

Pour ce qui est du site de l'action, nous pouvons être très rapide. Même avec la meilleure volonté du monde et la plus grande fantaisie, il est impossible de qualifier de français les différents sites de l'action : elle se situe entièrement dans la ville espagnole de Séville et ses environs. Au premier acte, la fabrique de cigares et la place forment le décor. Le deuxième acte se passe dans la taverne de Lillas Pastia sous les remparts de la ville. Quant au troisième acte, il emmène le spectateur pendant la première scène dans les montagnes des alentours et pour la deuxième et dernière scène, à l'arène où aura lieu la corrida.

Examinons maintenant la scène et les personnages en commençant par Don José. De son nom complet Don José Lizzarabengoa, il se présente comme « Navarrais et chrétien de la vieille trempe ». En se disant de Navarre, il est indéniablement identifié par tous les spectateurs comme un Français ou du moins comme un Européen occidental. Et qu'en est-il du crime passionnel ? José tue Carmen, car il ne veut pas qu'elle appartienne à un autre. Emporté par sa passion, il se conduit sur ce point comme beaucoup d'êtres confrontés à la face sombre de leur personnalité : il ne peut résister. De là à rendre Carmen responsable, il y a un abîme de grande envergure.

Il est de tradition de représenter José victime de Carmen. Rien n'est moins vrai. En outre, il est l'assassin ; un point sur lequel il est inutile de revenir. Chez Mérimée, il est ce que, de nos jours, nous appellerions un serial killer avec plusieurs meurtres sur la conscience. En effet, il commet le même délit trois fois avant de poignarder Carmen. Même si Meilhac et Halévy l'ont transformé et l'ont rendu moins farouche, il n'en reste pas moins que dans l'opéra, il avoue lui-même avoir déjà tué. José est un fervent joueur. Dans sa conversation avec Zuniga au premier acte, il se laisse aller à des confidences : « On voulut que je fusse homme d'Eglise et l'on m'a fait étudier. Mais je ne profitais guère, j'aimais trop jouer à la paume. Un jour que j'avais gagné, un gars de l'Alava me chercha querelle ; j'eus encore l'avantage, mais cela m'obligea de quitter le pays. Je me fis soldat ! » « J'eus encore l'avantage » est un subtil euphémisme pour dire qu'il a tué celui qui n'était pas d'accord avec lui.

Depuis leur toute première rencontre, Don José est sous le charme de Carmen, c'est incontestable. Il fait pourtant montre de connaissance lorsqu'il dit : « Tout ça parce que je ne faisais pas attention à elle !... Alors, suivant l'usage des femmes et des chats qui ne viennent pas quand on les appelle et qui viennent quand on ne les appelle pas, elle est venue ». Il admet être complètement subjugué par elle et la déclare sorcière.

José est un homme passionné. Il ne peut repousser son désir d'elle, bien qu'il sache très bien que les ennuis s'ensuivront. Sa passion le rend jaloux. Pourtant, il a encore son honneur de soldat. Lorsqu'il sort de prison, il annonce ne pas vouloir déserter. Au moment où il est contraint de rejoindre la bande des contrebandiers, la seule chose qui lui importe est de savoir si Carmen l'aime. Quand il apprend de la bouche même de cette dernière que cela n'est pas le cas, il devient presque fou. Il sent qu'elle pense à un autre. Ses soupçons sont confirmés par la visite d'Escamillo au repaire. Il voudrait le tuer, mais Carmen et les bandits s'interposent.

Don José ne peut supporter que Carmen garde sa liberté. Il fait tout pour essayer de la ramener à lui. En vain. Ainsi commence-t-il par la menacer de mort. C'est avec rancœur qu'il la quitte lorsqu'il doit suivre Micaëla pour se rendre au chevet de sa mère mourante. « Je reviendrai Carmen » résonne menaçant longtemps après qu'il aura disparu.

Alors qu'il se rend à la corrida en quête de Carmen, il est consumé par une passion dévorante. Il ne se connaît que trop bien. Il reconnaît les prémices, les affres de la crise. Il essaie d'échapper au destin en glissant le poids de la décision sur les épaules de Carmen. Mais Carmen ne cède pas. Il ne voit pas d'autre solution. Guidé par la passion et la jalousie aveuglante, il la poignarde.

Bien sûr que l'on peut démontrer que José est un fils aimant. L'un n'exclut pas l'autre. Pendant la visite de Micaëla au premier acte, il est certain qu'il pense à sa mère : « Parle-moi de ma mère », chante-t-il. Grâce à la musique, Bizet a pu le peindre comme il nous apparaît : un gentil garçon, aimant, un peu émotif. C'est certain qu'il a l'intention de suivre le conseil de sa mère, d'épouser Micaëla et d'oublier Carmen, mais il ne le fait pas. « Oui, ma mère, oui, je ferai ce que tu désires… j'épouserai Micaëla et quant à cette bohémienne avec ses fleurs qui ensorcellent… ». Il essaie de faire amende honorable pour le meurtre qu'il a commis dans l'armée.

Carmen, elle, charme, ment, montre sa fureur, se bat, provoque. En un mot, elle est tout ce qu'une femme de la bourgeoisie ne peut être. Elle rend les hommes fous, se jette à leur cou si le cœur lui en dit. C'est un véritable symbole sexuel. Carmen doit être à l'image d'une gitane.

Elle est libre et veut le rester. « Et surtout la chose enivrante, la liberté » chante-t-elle. Elle choisit elle-même ses amants. « Quand je vous aimerai ? Ma foi, je ne sais pas. Peut-être jamais, peut-être demain, mais pas aujourd'hui… C'est certain ! » Elle flirte du début jusqu'à la fin de l'opéra. Tantôt avec José ou bien avec Zuniga et enfin avec la mort. Sans aucune hypocrisie, absolument aucune. Elle s'amuse, car Carmen est surtout la franchise même.

Si Zuniga lui demande la raison pour laquelle elle a balafré une de ses collègues, elle chante au lieu de lui répondre. Elle le nargue purement et simplement.

Que José aille à sa place en prison ne l'émeut guère tant qu'elle-même reste en dehors des murs ! Quand il est libéré, elle veut bien payer sa dette envers lui. Ils passeront la nuit ensemble. Hélas, José lui avoue vouloir retourner à la caserne. Cela la rend absolument furieuse. Elle lui jette tranquillement la vérité au visage : « Ce qui est sûr c'est que je t'aime beaucoup moins qu'autrefois. Ta mère… eh bien là, vrai tu ferais mieux d'aller la retrouver ». Et elle lui révèle également ce qu'il en est de leur relation et de son caractère : « Je ne veux pas être tourmentée ni surtout commandée. Ce que je veux, c'est être libre et faire ce qui me plaît ». On ne saurait être plus clair ni parler plus franchement.

Elle sait que José la tuera. Elle le lit dans les cartes. « La mort. J'ai bien lu, moi d'abord, ensuite lui. Pour tous les deux la mort. » Pour une gitane, ces choses-là sont sérieuses. Quand José apparaît devant elle à la corrida, elle est consciente de ce qui l'attend. Elle n'essaie pas d'échapper à son sort. Elle préfère mourir plutôt que de se soumettre, même sous la menace la plus évidente. « Libre elle est née et libre elle mourra ». Ce n'est pas qu'elle choisisse la mort, mais elle refuse de vivre avec ce qu'elle considère le déshonneur, c'est-à-dire l'enchaînement, la soumission.

Carmen est-elle par tout cela française ? Certainement pas, mais elle répond bien exactement à l'idée que les intellectuels du XIXe siècle se faisaient des personnages exotiques. Tout comme Micaëla répond exactement à l'image de la jeune fille française vue par le monde occidental. La seule d'ailleurs qui soit une véritable figure d'opéra-comique, ayant été créée comme contrepartie de Carmen. Bizet lui donne un accompagnement chromatique à son entrée sur scène, la rendant très intéressante pour les soldats qui réagissent d'une manière appropriée en la taquinant. Elle leur fait vite comprendre, ainsi qu'au public en même temps, leur méprise et qu'ils ont affaire à une jeune fille très comme il faut.

De toute évidence, en tant que toréador, Escamillo n'est pas vraiment l'image idéale du héros français. Son caractère a été dessiné pour remplacer le mari de Carmen présent dans la nouvelle, bien que Lucas soit le toréador du récit de Mérimée. Il est plus omniprésent et décrit la couleur locale. Son apparition rend l'image de José plus douce, plus amicale. C'est avec

Escamillo que le public associera l'idée de la mort portée par un couteau. N'est-ce pas le toréador qui tue l'innocent taureau ? Avec la corrida en toile de fond et Escamillo comme le toréador applaudi, la mort de Carmen prend une teinte de fête. C'est de cette manière que les librettistes et le compositeur l'ont entendu. « La mort de Carmen se passera à la fin, dans une ambiance de fête, avec un défilé, un ballet, une fanfare ». Olé ! Qu'y a-t-il de plus beau que le meurtre d'une femme ?

La place de *Carmen* dans le répertoire français

Carmen fut en premier lieu composé par Bizet en tant qu'opéra-comique, pour l'Opéra-Comique de Paris. Ce n'est que quelques mois après le fiasco de la première et la mort du compositeur que son ami Guiraud mit en musique les dialogues, les transformant ainsi en récitatifs et l'opéra-comique en grand opéra pour la première de Vienne. Ce fut un succès inénarrable, lançant par-là même l'œuvre sur son orbite actuelle. Pour bien comprendre sa place dans le répertoire, il est indispensable de retourner dans le temps.

Le 28 avril 1792 se fêtait l'inauguration du nouveau théâtre construit par l'architecte Lenoir. Il portait le nom de Comédie italienne. Le 5 février 1793, après une réunion importante du comité de direction, le bâtiment était rebaptisé Opéra-Comique national. Un nom qu'il porte encore aujourd'hui. C'est pour ce théâtre traditionnel que Bizet composa *Carmen*.

« Le genre opéra-comique connaissait plusieurs thèmes avec une préférence pour les scènes tranquilles et idylliques. Sous l'influence de J.J. Rousseau et de son *Devin du village,* les scènes ayant la campagne comme décor furent de plus en plus souvent présentées. Vers 1760, des œuvres se situant dans le Moyen Âge firent leur apparition, mais les drames bourgeois avaient la préférence » écrit Georges Cucuel dans *Les Créateurs de l'opéra-comique.* Et plus loin, « Musicalement, le genre a été influencé par la symphonie allemande, les intermezzos italiens et les variétés en tant que genre, l'opéra-comique est très enraciné dans la tradition française [....] C'est grâce à l'opéra-comique que la France se distingue de ses ennemis … et garde son prestige. Les musiques de Beethoven et de Weber doivent beaucoup à l'opéra-comique. » De cette citation, nous pouvons évidemment conclure que l'opéra-comique est un genre typiquement français.

Camille du Locle et Adolphe de Leuven, les codirecteurs de l'Opéra-Comique, ont commandité un opéra de Bizet avec pour librettistes Ludovic Halévy et Henri Meilhac, les deux plus fameux de l'époque. Bizet était absolument décidé à propos de son sujet. Il voulait adapter *Carmen,* la nouvelle de Prosper Mérimée. En l'an 2000, il est malaisé d'imaginer que son choix ait à l'époque rencontré tant de difficultés. La raison en était que l'Opéra-Comique servait de rendez-vous à la bourgeoisie qui y menait le dimanche après-midi ses rejetons en âge de convoler. Il va sans dire que des happy ends étaient de mise ; les scènes qui se jouaient sur les planches devaient servir d'exemple aux progénitures ainsi préparées à la vie sociale future.

Le directeur de l'Opéra-Comique était

loin d'être enthousiasmé à l'idée d'avoir Carmen comme héroïne dans son théâtre. « *Carmen* de Mérimée ? C'est bien celle que son amant a tuée ? Les bas-fonds peuplés de gitans et de voleurs, des filles qui fument sur scène ! C'est hors de question ! » Les répétitions n'en commencèrent pas moins le 2 octobre 1874 et la première avait lieu le 3 mars 1875. Il est tout aussi difficile d'imaginer que cette première fut un fiasco. Pourtant celui-ci fut d'envergure !

Le livret

Le livret de *Carmen* est considéré comme l'un des plus brillants de toute la littérature de l'opéra. Mais ce qui le rend si sensationnel est bien la maîtrise incomparable avec laquelle Bizet a su le mettre en musique. Il a tracé l'image de l'Autre d'une manière tellement vivante et il a su donner à la sexualité et aux caractéristiques raciales un idiome musical qui est encore compréhensible aux spectateurs d'aujourd'hui. Cela est d'autant plus remarquable que ces traits musicaux ne sont fondés sur aucune réalité ethnomusicologique et doivent la majorité de leur identité à des effets efficaces.

La grande différence avec la nouvelle de Prosper Mérimée réside dans l'absence de narrateur, un rôle incitant le lecteur à tirer les conclusions dictées par l'auteur. Nonobstant, le message de Mérimée passe certainement tout de même. Carmen doit mourir. La citation de Palladas mise au début du récit ne laisse aucun doute là-dessus : « Toute femme est comme le fiel. Elle a cependant deux bonnes heures, une au lit, l'autre au cimetière ». Bien qu'elle ait été inscrite en grec, il faut se rendre compte qu'au temps de Mérimée, les lecteurs, à qui étaient destinées ses œuvres, pouvaient sans aucune difficulté lire cette langue. La plupart d'entre eux étaient des hommes lettrés, ou du moins éduqués, pour qui les langues anciennes avaient peu de secrets. Il en allait autrement pour les femmes qui, elles, n'avaient pas vraiment encore accès à la même éducation. En supprimant le narrateur, Bizet rend Carmen encore plus dangereuse que dans la nouvelle de Mérimée, car ainsi, elle parle pour elle-même sans l'entremise d'une voix rapportant les faits.

Dans l'opéra, Carmen reste uniquement une femme fatale pendant les deux premiers actes. Micaëla, peinte comme une innocente petite fille, est posée là pour contraster avec Carmen qui en paraît d'autant plus monstrueuse que musicalement les deux portraits se font très significatifs. A Carmen, la musique sensuelle, les danses, les cris, les tourbillons et

les mystères ; à Micaëla, la musique tradition-
nelle bien de chez nous, celle de l'opéra-comique.

La musique

Georges Bizet était un fervent visiteur de ta-
vernes, de cabarets et de maisons closes où tous
les genres de musiques étaient joués. Il est certain qu'il ait été influencé par ses fréquenta-
tions, mais il était avant toute chose un compositeur français ayant reçu sa formation au con-
servatoire de Paris et, par-là même, il a composé une musique typiquement française. Il est
vrai que pour la composition de *Carmen,* il a
utilisé des sources cubaines et espagnoles
comme « El Arreglito » de Sébastien Yradier
pour la Habanera et « El Criado fingido » de
Manuel Garcia, mais le traitement qu'il leur a
fait subir reste néanmoins dans la pure tradition

de l'école française.

La Habanera a dû être réécrite treize fois avant que la diva et le compositeur en soient pleinement satisfaits. Galli-Marié créa Carmen et Paul Lhérie incarna Don José. Pour la première fois dans l'histoire du théâtre, les chœurs devaient chanter et jouer la comédie simultanément.

Certains numéros proviennent d'esquisses ou même d'œuvres antérieures de Bizet, telles par exemple : « Je dis que rien ne m'épouvante » de Micaëla et « La fleur » de José qui se retrouvent tous les deux dans « Grisélidis ».

Il est également significatif que certains ennemis de Bizet l'accusèrent de composer de la musique wagnérienne alors que les Allemands eux-mêmes, Nietzsche entre autres, la considéraient comme française avant tout sans aucune teinte leur rappelant leur compositeur adulé. Quant à Tchaïkovski, il a déclaré sans ambages son admiration pour cette œuvre que lui aussi décrivait comme typiquement française : « un véritable chef-d'œuvre dans le sens le plus plein du terme – une des rares pièces qui reflètent les musicales aspirations de toute une époque ». En composant *La Dame de pique*, Tchaïkovski a fait montre de son émerveillement inconditionnel en mettant, tout comme dans *Carmen,* un chœur d'enfants au début du premier acte.

Georges Bizet et l'orientalisme

Comme beaucoup d'artistes de son temps, Georges Bizet était aussi un fanatique amateur de l'orientalisme et la femme fatale est un thème récurrent de son œuvre, dans *La Coupe du roi de Thulé* (1869) et *L'Arlésienne* (1872) par exemple.

En France, il était alors normal de regarder d'une manière innocente les allusions fréquentes aux caractéristiques exotiques ou orientales des individus dans les œuvres occidentales. C'était par ailleurs encore valable jusqu'à très récemment. L'Orient était appréhendé comme une sorte de pays sans réalité palpable où l'âme artistique occidentale pouvait errer à loisir. Il était également courant de critiquer sa propre société vue d'une contrée lointaine. Montesquieu et Rousseau, entre autres, s'y sont exercés.

Après le retour de Napoléon de sa campagne égyptienne, les yeux des écrivains et des artistes, cela va de soi, se dirigèrent encore plus vers l'Orient. Victor Hugo écrit dans l'introduction des *Orientales* (1829) :

[…] Au siècle de Louis XIV, on était helléniste, maintenant on est orientaliste. Il y a un pas de fait. Il en résulte de tout cela que l'Orient, soit comme image, soit comme pensée, est devenu, pour les intelligences autant que pour les imaginations, une sorte de préoccupation générale à laquelle l'auteur de ce livre a obéi peut-être à son insu. Les couleurs orientales sont venues d'elles-mêmes empreindre toutes ses pensées, toutes ses rêveries ; et ses rêveries et ses pensées se sont trouvées tour à tour, et presque sans l'avoir voulu, hébraïques, turques, grecques, persanes, arabes, espagnoles même, car l'Espagne c'est encore l'Orient ; l'Espagne est à demi africaine, l'Afrique est à demi asiatique.

De cette introduction, il apparaît que, selon Victor Hugo, il n'y avait aucune différence entre le monde arabe, espagnol, turc ou grec. Ils sont tous interchangeables, tous orientaux, tous tournés vers le Levant, en un mot : autres. Hugo se déclare être possédé de ces mondes, sans presque le vouloir, presque sans le savoir, sans s'en rendre compte, à son insu. L'attitude de Victor Hugo n'a rien d'inhabituel pour son époque. Les hommes ont une très forte impression de ce à quoi doivent ressembler l'Orient et ses habitants. Une image qui ne doit pas nécessairement correspondre à la réalité existante. Toutefois, Flaubert, qui écrivit Salammbô après avoir voyagé en Orient, se différencie de ses pairs.

Après la parution des *Orientales* de Victor Hugo, tout écrivain se respectant devait opter pour un décor exotique dans au moins l'une de ses œuvres. Il va sans dire que l'orientalisme dans la musique suivit rapidement. *Le Désert* de Félicien David (1844), *La Reine de Saba* (1862) de Charles Gounod, *Samson et Dalila* (1877) de Camille Saint-Saëns, *Lakmé* de Léo Delibes (1883), *Thaïs* de Jules Massenet (1894). Toutes les actions de ces compositions se déroulent dans des pays lointains et nous laissent entendre des muezzins, des caravanes, des clochettes de temple et voir des danses sacrées. Elles ont toutes un sujet commun : un jeune héros occidental se laisse séduire par une femme orientale, sensuelle et d'une grande beauté. Évidemment, les laiderons sont inconnus en Orient.

Ainsi Bizet ne s'est-il pas limité à une seule composition du genre. Il avait déjà commencé à en explorer les thèmes avec sa symphonie en C. Dans *Djamileh*, une jeune Orientale s'amourache de son maître et le supplie de la garder à jamais comme esclave près de lui. Il est vrai que l'action de *La jolie fille de Perth* se déroule en Écosse, mais des Tziganes sortent d'on ne sait où pour danser le ballet. Cet orientalisme ne faisait que traduire la conception française pour une différence ethnologique sans en refléter la réalité. Il en allait de même pour la musique.

Bizet, et avant lui Mérimée, nous présente un José obsédé par Carmen comme s'il était entraîné dans son monde contre sa volonté, presque obnubilé, inconscient, comme Hugo nous décrit l'être dans son introduction.

Cependant, *Carmen* se différencie des autres opéras du genre par son contexte, qui n'est pas entièrement exotique. L'opéra est une rencontre entre l'Aristocratie, le Nord, l'Occident, représentés par José, étiqueté comme l'un des nôtres et le Sud, l'Orient, le Peuple, une Gitane, une Bohémienne, incarnés par Carmen, qui remplit le rôle de l'Autre. L'Autre qui s'est infiltré dans notre monde.

L'Autre n'est pas toujours très éloigné. L'Esmeralda de Victor Hugo dans *Notre-Dame de Paris* est d'abord identifiée comme une Juive avant d'être reconnue pour ce qu'elle est : une Bohémienne tout comme Carmen. Esther dans *Les Splendeurs et les misères des courtisanes* de Balzac est une Juive et elle y est décrite comme orientale, mystérieuse, sexuellement précoce. L'imagination masculine part au galop.

Il va sans dire que, pour les politiciens, les types les plus dangereux étaient les Juifs et les Gitans, car bien qu'étant étrangers, ils vivaient sur le sol occidental et restaient incontrôlables. En effet, en 1908, un certain Réville déclare même à la Chambre :

> La plupart du temps, ces gens n'ont ni maison ni adresse fixe. Ils exercent ou prétendent exercer, une profession ambulante. Leurs femmes sont d'une beauté superbe sous des vêtements crasseux. Elles disent la bonne aventure. Ce sont tous des voleurs et des escrocs. Les régions qu'ils traversent ne sont pas à l'abri. Ils volent dans les potagers, les basses-cours, et s'infiltrent dans les maisons trouveraient-ils une porte ou une fenêtre laissée ouverte. Gare au porte-monnaie abandonné sur un coin de table près d'une fenêtre. Ils vivent sur notre sol comme des vainqueurs en terrain conquis après la guerre.

Ce n'était pas uniquement une question de race

et de sexualité qui était mélangée lorsque l'on parlait de type oriental. Le mot bohémien signifiant aussi bien tzigane qu'une personne marginale. La Bohème devint le nom qui fut attribué à un milieu dans lequel se retrouvaient des artistes, des intellectuels et des marginaux aux idées politiques plus ou moins anarchistes. Ils fréquentaient les Gitans et les étrangers, les musiciens venus d'autres contrées et, pour la couleur locale, plus n'était besoin de sortir de Paris.

Ainsi Bizet connaissait très bien ce monde de la Bohème, et il était au courant de ses structures souterraines et ambivalentes. Il avait l'expérience de l'éternelle angoisse de l'homme vis-à-vis de la femme et il n'ignorait pas que la prostitution aurait été incapable de fleurir sans le soutien des hommes de toutes les classes de la société puisque la Comtesse Lionel de Chabrillan, une ancienne prostituée du nom de La Mogador, était sa voisine et son amie.

Pour les hommes de son temps, visiter une maison de prostitution ou un cabaret de mauvaise réputation, n'avait rien de scandaleux. L'évidence avec laquelle la suprématie de l'homme de la bourgeoisie occidentale y était acceptée, garantissait l'ordre et la bonne marche des relations et des transactions qui s'y déroulaient. Qu'elles fussent d'un caractère sexuel, social, économique ou racial avait peu d'importance. Il en fut tout autrement lorsque la musique qui s'y jouait et les intrigues qui en étaient l'essence se frayèrent un chemin jusqu'aux scènes parisiennes. En ne tenant pas compte de ces conventions, Bizet a déclenché une véritable révolution donnant naissance à un style qui sera repris quelque quinze ans plus tard par les Italiens sous le nom de verismo (le vérisme).

Conclusion

A l'aube du troisième millénaire, ayant laissé derrière nous un siècle pendant lequel ont été acclamés les progrès de la science mettant la fécondation in vitro, l'automobile, la télévision, l'ordinateur et les repas surgelés à la portée de tous, du moins dans le monde occidental dominé par l'aviation et la conquête de l'espace, nous pouvons assurément conclure que *Carmen*, l'opéra français le plus populaire, met en scène le meurtre inéluctable d'une femme par un homme.

Ainsi Carmen personnifierait-elle l'Autre, insondable, dangereux, l'Ouvrier, la Femme fatale libre et menaçante pour la vie familiale, le Bandit. L'Autre, donc, qui doit être soumis sinon détruit ?

Serait-ce, dans ce cas, la raison pour laquelle José, ayant commis un meurtre avoué, aurait pu être absous en s'enrôlant dans l'armée et expier de cette façon son crime en liberté jusqu'à ce que retombe les remous du scandale déclenché par son geste, alors que Carmen, pour avoir distribué une balafre à l'une de ses collègues sera envoyée en prison ? Peut-on alors conclure que José représente l'establishment et Carmen les Autres ?

Avant de répondre, analysons de plus près la soi-disant liberté de José. Peut-on le déclarer libre alors qu'il est soldat ? Peut-on le déclarer libre alors qu'il doit quitter Carmen pour se présenter à l'appel au lieu de suivre son désir plus qu'évident de rester auprès d'elle ? Sans aucun doute, la réponse à ces deux questions est négative, et qui voudrait définir la vie de troufion comme l'idéal de la liberté ?

D'autre part, c'est tout autant, sinon plus, la provocation de Carmen à l'encontre de Zuniga qui la conduit *linea recta* en prison. Il est le commandant de son bataillon, comment pourrait-il laisser impuni le fait que Carmen le nargue devant toute la communauté ? C'est à regret qu'il prononce la sentence d'emprisonnement. Trois fois, Zuniga pose la même question à Carmen, trois fois, elle refuse de lui répondre alors qu'il aurait très certainement clos l'incident sans y attacher très grande importance. Quelques centaines de femmes ensemble dans un espace confiné, une chaleur étouffante, quelques mots vifs et les caractères s'enflamment. Pour lui, pas de quoi fouetter un chat, à plus forte raison envoyer l'une des femmes en détention. Ainsi Carmen, la personnification de l'Autre, entre-t-elle en conflit avec l'establishment représenté non pas par José mais, de toute évidence, par Zuniga.

Carmen est irrémédiablement différente. C'est un acquis. Dans son affrontement avec Zuniga, les forces de l'ordre, elle respecte la loi du silence de son milieu, traduite en langage opératique par une chanson. Une chanson de Bohémienne cela s'entend. Au cas où nous ne l'aurions pas encore compris, Zuniga se charge de nous l'expliquer. Et c'est pour cela et pour aucune autre raison qu'elle est arrêtée par Zuniga. Pourquoi Carmen n'emploie-t-elle pas avec Zuniga la verve qu'elle démontre un instant plus tard avec José ? Mystère. Aurait-elle reconnu en José le maillon faible de la chaîne du pouvoir par où s'infiltrer ou bien n'aurait-elle compris son sort qu'en chemin pour la prison ? Des questions dont les réponses ne seraient pas en pure perte. Carmen agit de la sorte activée par les auteurs de ses jours Meilhac et Halévy qui, par-là, énoncent un argument plus que valable en leur temps, et toujours de mise à notre époque : la rébellion contre l'ordre établi entraîne l'emprisonnement. C'est un message limpide.

Ainsi le message final s'impose-t-il de même. Si l'on doit soumettre l'Autre, en revanche, il est interdit de le supprimer. José ne le sait que trop bien puisque dès son acte criminel commis, il crie penché sur le corps de Carmen : « Vous pouvez m'arrêter, c'est moi qui l'ai tuée ». José n'est visiblement pas un monstre pour avoir été obnubilé par sa passion. Faible peut-être, et encore. La position de Bizet est explicite, sans ambivalence. D'un côté, la rébellion entraînant l'emprisonnement et la persistance dans la rébellion, conduisant iné-

luctablement à la mort, sont un des mécanismes de l'opéra. D'autre part, une loi à ne pas
transgresser. Quelle que soit la rébellion ou la
provocation de l'Autre, on ne peut le supprimer
sans encourir soi-même la peine que l'on aurait
voulu lui infliger.

Ayant tiré notre révérence au XXe siècle,
avec encore gravée dans la mémoire l'image
d'intellectuels staliniens pensant être fidèles à
la classe ouvrière qui défendent en tout état de
cause l'existence des goulags sibériens ou bien
celle d'un officier nazi martyrisant ses victimes
sur des accords de Wagner ou bien encore celle
d'un président américain déclarant protéger la
paix à coups d'euphémismes intitulés « frappes
aériennes », pouvons-nous affirmer, sincère-
ment et sans l'ombre d'un doute raisonnable,
que, en ce qui concerne l'amusement, rien n'a
changé en notre société depuis le temps des

cirques romains, et que verser le sang d'innocentes victimes est toujours aussi prisé ?

Répondre par l'affirmative serait donner peu de crédit à l'humain et bafouer le travail des plus grands. Si nous acceptons le message grec de Prosper Mérimée au début de sa nouvelle *Carmen*, c'est la première fois que ce mot fait son apparition en France, en tant que prénom, nous devons à plus forte raison incontestablement prendre celui de Georges Bizet au sérieux, peut-être encore plus significatif. Bizet aurait pu baptiser son œuvre d'un autre titre, mais il a gardé celui de la nouvelle pour son opéra : *Carmen*.

Carmen signifie en latin chant, vers, poésie ou composition poétique, prière, son, note, mais encore poème, satyre, poème lyrique et c'est en plus l'inscription au fronton d'un temple. Mais c'est aussi une prophétie, un oracle, un charme (formule magique). On pense tout de suite à *Carmen Saeculare* (chant séculaire), un hymne composé par Horace pour la célébration des jeux séculaires au 1er siècle av. J.-C. La ferveur religieuse et patriotique de ce poème traduit l'espérance d'Horace dans la paix romaine. Sur le texte original latin, F. A. Philidor composa une ode, créée à Londres en 1779 et reprise à Paris en 1780. Il est pratiquement impossible que Bizet n'en ait pas eu connaissance. Vu sous cet angle, il n'est pas surprenant que l'opéra français le plus populaire à l'aube du troisième millénaire s'intitule *Carmen*. Car il s'agit bien de musique que nous a léguée Georges Bizet, et quelle musique !

Or, il est certain que l'on peut lire *Carmen* comme l'opposition de deux cultures : l'une dominante et l'autre dominée. Il est également

irréfutable que l'on peut expliquer l'opéra po-
litiquement en démontant un mécanisme mettant à nu les minorités opprimées ; bien entendu, il est tout aussi possible d'en extirper
une lance féministe démontrant la misogynie.
Toutes ces lectures sont possibles, comme
nous l'avons démontré plus haut, plausibles et
peut-être même sont-elles valables.

Il n'en reste pas moins vrai que c'est la
musique de *Carmen* et la musique seule qui est
connue dans le monde entier, et il est irréfragable que celle-ci transcende les idées de race,
de religion, de politique, de féminisme et de
machisme. La musique reste le seul langage
qui soit compréhensible à tous sans traduction.
Carmen, la langue qui parle aux esprits, *Carmen* le chant qui se transmet de cœur à cœur.
Carmen la musique, la poésie, de laquelle on
ne peut se passer. Il ne le sait que trop bien José

qui hurle du début à la fin : « Carmen, je t'aime… Ma Carmen adorée ».

Les représentations de *Carmen* dans le monde

Œuvre

Nombre de productions

1. Die Zauberflöte (Mozart)   25

2. Il barbiere di Siviglia (Rossini)   21

3. Hansel und Gretel (Humperdinck) 20

4. Don Giovanni (Mozart)   19

5. Le nozze di Figaro (Mozart)   18

6. Cosi fan tutte (Mozart)   18

7. Tosca (Puccini)   18

8. I Pagliacci (Leoncavallo)   17

9. Rigoletto (Verdi)   17

10. Fidelio (Beethoven)   17

11. Die Fledermaus (Strauss)   16

12. Die Entführung aus dem Serail
(Mozart)   16

13. Madama Butterfly (Puccini)   16

14. Der Freischütz (Weber)   16

15. Der Rosercavalier (Strauss)   16

16. Parsifal (Wagner)	16
17. Carmen (Bizet)	**15**
18. Der Vogelhändler (Zeller)	14
19. Don Carlo (Verdi)	14

Ci-dessous, une liste des opéras les plus vendus d'où il apparaît que l'opéra *Carmen* est encore le premier opéra français mentionné.

Œuvre	**Nombre total de spectateurs**
1. Die Zauberflöte (Mozart)	320 308
2. Die lustige Witwe (Lehar)	228 308
3. Il barbiere di Siviglia (Rossini)	208 729
4. Hänsel und Gretel (Humperdinck)	188 668
5. Der Zigeunerbaron (Strauss)	186 603
6. Die Fledermaus (Strauss)	183 205
7. Cosi fan tutte (Mozart)	177 329
8. Csardasfürstin (Kalman)	168 719
9. Der Freischütz (Weber)	160 778
10. The Man of la Mancha (Leigh)	158 971
11. Le nozze di Figaro (Mozart)	158 954

12. Gräfin Mariza (Kalman)　　　　158 823

13. Die Entführung aus dem Serail
(Mozart)　　　　157 275

14. Tosca (Puccini)　　　　153 978

15. Der Vogelhändler (Zeller)　　　　145 739

16. Don Giovanni (Mozart)　　　　143 883

17. Fidelio (Beethoven)　　　　142 344

18. Zar und Zimmermann (Lortzing)　141 628

19. Madama Butterfly (Puccini)　　139 775

20. Carmen (Bizet)　　　　**137 542**

Sur une liste représentant la moyenne du répertoire de 1947 à 1995, nous voyons que les 30 opéras ayant plus de 2000 représentations par an étaient les suivants. Une fois de plus, *Carmen* est encore le premier opéra français nommé.

Œuvre	Nombre de représentations
1. Die Zauberflöte (Mozart)	6 142
2. Le nozze di Figaro (Mozart)	5 461
3. Carmen (Bizet)	**4 968**

4. La Bohème (Puccini)   4 888

5. Zar und Zimmermann (Lortzing)   4 828

6. Madama Butterfly (Puccini)   4 759

7. Il barbiere di Siviglia (Rossini)   4 479

8. Die Entführung aus dem Serail (Mozart) 4 454

9. Der Freischütz (Weber)   4 384

10. Fidelio (Beethoven)   4 357

11. Rigoletto (Verdi)   4 252

12. Tosca (Puccini)   4 177

13. Il Trovatore (Verdi)   4 054

14. La Traviata (Verdi)   3 907

15. Der Wildschütz (Lortzing)   3 739

16. The Bartered Bride (Smetana)   3 725

17. Aïda (Verdi)   3 594

18. Hoffmanns Erzählungen (Offenbach)   3 582

19. Cosi fan tutte (Mozart)   3 488

20. Don Giovanni (Mozart)   3 439

21. I Pagliacci (Leoncavallo)   3 418

22. Der fliegende Holländer (Wagner)   3 349

23. Hänsel und Gretel (Humperdinck)   3 253

24. Cavalleria rusticana (Mascagni)   3 068

25. Un ballo in maschera (Verdi)   2 771

26. Die lustigen Weiber (Nicolai)   2 732

27. Der Rosenkavalier (Strauss)   2 603

28. Der Waffenschmied   (Lortzing)   2 571

29. Martha (Flotow)   2 741

30. Otello (Verdi)   2 437

Carmen sur pellicule

En 1948, il existait déjà plus de seize films sur *Carmen* dont l'un des plus connus était incontestablement *Carmen* produit dans l'année 1910 par Pathé et Edison. En 1915, Cecil B. DeMille réalisa un *Carmen* avec Géraldine Farrar dont le succès était dû à la popularité de la diva puisque le film était muet. Fox fit un *Carmen* avec la vamp du cinéma muet Theda Bara.

Quelques-uns des plus célèbres films mettaient en scène des acteurs fameux tels Charlie Chaplin et Pola Negri dans *Gypsy Blood* (Le Sang Gitan) et Dolores del Rio dans *The Loves of Carmen* (Les Amours de Carmen). Dans les grands théâtres de l'époque, ces films étaient accompagnés pendant les séances par des orchestres jouant la musique de l'opéra alors que les petites salles devaient se contenter de quelques musiciens, voire d'un seul pianiste.

Le premier film parlant apparut en 1931 et il s'intitulait également *Gypsy blood*.

Toutes ces premières versions exploitaient l'exotisme du caractère principal, Carmen, et permettaient aux actrices plus ou moins orientales de véhiculer auprès du public leur image de femme fatale.

Chaque époque amena sa relecture de l'œuvre. Ainsi la libération sexuelle fit naître des *Carmen* comme jamais ni Mérimée ni Bizet n'auraient pu les imaginer. Que l'on pense au film *Carmen, Baby* avec ses acteurs complètement nus et les scènes de sexe de groupe qui étonnèrent la critique ou bien le scandale qui éclata lorsque, en 1980, Juliet Bashour sortait *Kamikaze Hearts* (Les cœurs kamikaze). Une version très noire de *Carmen* incluant un couple de lesbiennes travaillant dans l'industrie pornographique ! Les caractères sont vus en train de filmer une version porno de la Habanera. Le scénario du film est une relecture de l'œuvre de Mérimée transposée dans la subculture lesbienne. Le meurtre lui-même n'est pas joué et cependant l'ambiance de désespoir vers la fin est pratiquement insoutenable et les scènes de jalousie d'une violence inouïe.

Tout en utilisant la musique de l'opéra en *tracks*, ces pellicules sont très axées sur les éléments sensationnels de la nouvelle.

Cependant, quelques films se portent plus directement sur l'opéra de Bizet, tel *Carmen Jones* (1954) d'Otto Preminger qui localise l'action dans le milieu nègre du Sud, *Carmen* (1983) où Carlos Saura nous autorise un coup d'œil chez les danseurs de flamenco espagnols, *La Tragédie de Carmen* (1984) de Peter Brook, mettant à nu les mécanismes des relations humaines et des compétitions amoureuses de l'œuvre et *Carmen* (1984) de Francesco Rossi, où les structures politiques et sociales sont dévoilées.

Bien que pas un seul d'entre eux ne soit une reproduction fidèle de l'opéra, tous ces films à leur façon, l'éclairent par leur mise en scène et témoignent du pouvoir de l'interprétation performante à reconstruire les textes standards et nous aident à repenser et approfondir notre vision de l'œuvre.

Carmen, une des femmes de Mérimée

Né le 28 septembre 1803 à Paris, Prosper Mérimée a un an lorsque Bonaparte est sacré empereur et douze ans à la bataille de Waterloo. Deux évènements qui, avec la retraite de Russie et l'abdication de Napoléon en 1814, colorent les échos de son enfance. Trois régimes et trois révolutions sont les résultats dominants de l'instabilité politique qui marque sa vie d'adolescent et d'adulte. Sa mort, le 23 septembre 1870 à Cannes, concorde à peu de chose près avec la chute de l'Empire. Mérimée a soixante-sept ans. Venu avec le mal du siècle incarné par René, le héros de Chateaubriand, il repart au moment où le réalisme triomphe avec Balzac et *La Comédie humaine*. Entre ces deux charnières de la littérature française, Mérimée s'impose comme un maître incontesté dans l'art de la Nouvelle.

Farceur et plein d'humour, il intronise sa carrière littéraire en déployant son goût du canular avec *Théâtre de Clara Gazul* (1825), un recueil de pièces en prose qu'il publie sous un pseudonyme féminin. Un portrait de Mérimée, travesti en belle Espagnole, en décore le frontispice. Puis, il récidive avec *La Guzla,* une anagramme de Gazul. La mode romantique l'entraîne ensuite vers le genre historique, en témoignent *La Jacquerie* (1828) et *Chronique du règne de Charles IX* (1829). Mais, c'est surtout en publiant ses premières nouvelles, *L'Enlèvement de la redoute, Tamango* (1829), qu'il remporte un succès immédiat et considérable.

De 1829 à 1870, il écrit une vingtaine de nouvelles parmi lesquelles *La Vénus d'Ille* (1837), *Colomba* (1840), *Arsène Guillot* (1844) et *Carmen* (1845) que nous avons choisies. Quatre nouvelles ayant un personnage féminin pour héroïne. Quatre femmes en proie à des passions fatales qui les pulvérisent, elles ou leur entourage. Qui sont ces femmes ? Sont-elles à plaindre ? Compatissons-nous à leurs déboires ? Quel est leur sort ? Tant de questions qui se résument en une seule : la représentation de la femme dans la nouvelle de Mérimée est-elle destinée à émouvoir le lecteur par le spectacle de la fatalité qui l'écrase ou bien a-t-elle une autre fonction dramaturgique ? Nous allons étudier cette question dans les pages suivantes, en traçant en premier un bref portrait de ces héroïnes pour nous aider à les situer l'une par rapport à l'autre. Pour ce faire, nous suivrons l'ordre chronologique de leur parution et nous commençons par un bref résumé de la première nouvelle : *La Vénus d'Ille* où l'héroïne est une femme sous forme de statue.

Dans le village d'Ille, on a trouvé enfouie au pied d'un olivier une statue antique. Les gens du pays l'appellent l'idole. Au premier abord, son aspect est celui d'un mort : « et voilà qu'il paraît une main noire, qui semble la main d'un mort » pour devenir enfin « une grande femme noire plus qu'à moitié nue » dont les hommes ne peuvent supporter le regard : « Elle vous fixe avec ses grands yeux blancs... on baisse les yeux » devant la « Romaine » qui « a l'air méchante ». Méchante, elle l'est et elle casse la jambe de Jean Coll venu aider à l'exhumation. Le matin de ses noces, le fils Peyrehorade, une sorte de dandy, s'engage dans une partie de jeu de paume et accroche la bague destinée à la mariée au doigt de Vénus. Alors que son père claironne qu'être meurtri par Vénus doit être considéré comme un hommage : « Qui n'a été blessé par Vénus », il se sent ensorcelé car la statue refuse de lui rendre l'anneau lorsqu'il veut le reprendre ! « Vous allez vous moquer de moi…, mais je sais ce que j'ai… je suis ensorcelé ! Le diable m'emporte ! », confie-t-il au narrateur, un amateur d'antiquités de passage. Le lendemain, son corps est retrouvé sans vie dans la chambre nuptiale où la jeune épousée témoigne d'une histoire extraordinaire. Un grand géant verdâtre serait apparu dans la chambre pour s'emparer du jeune homme. Six mois plus tard, le propriétaire de la Vénus meurt et sa veuve, une femme toute à ses fourneaux, fait refondre la statue en cloche. En résumé, nous voyons qu'après avoir semé la terreur et le malheur dans le village, Vénus est transformée en cloche et rendue totalement méconnaissable par le processus. Passons maintenant au second récit : *Arsène Guillot*.

Arsène, née dans la misère, sans moyens de subsistance, tente de se suicider. C'est une jeune femme de vingt-cinq ans environ, dont la grande beauté concentrée dans les yeux ne suffit pas à cacher le malheur : « bien que très brillants, ses yeux noirs étaient enfoncés et cernés par une teinte bleuâtre ; son teint d'un blanc mat, ses lèvres décolorées, indiquaient la souffrance. » La description de sa toilette nous suggère d'emblée que nous avons affaire à une courtisane déchue qui n'a plus les moyens de s'offrir du luxe : « un bizarre mélange de négligence et de recherche ». Au cas où nous nous méprendrions, le narrateur insiste en s'adressant directement à nous par l'entremise de son interlocuteur : « Cette femme, dont vous avez pu deviner la position sociale ». Par ailleurs, Arsène elle-même confirme nos soupçons : « Que voulez-vous ? Je suis pauvre. » C'est par vengeance, et non par amour, qu'elle a voulu se tuer à cause d'un homme, ce qu'elle avoue franchement sans fausse pudeur : « Et puis, je me suis dit que si je me détruisais, ça lui ferait de la peine et que je me vengerais… La fenêtre était ouverte, et je me suis jetée… » En cela, la vengeance est aussi naturelle à Arsène qu'à notre prochaine héroïne, Colomba. Arsène se révèle être poitrinaire ; si elle réchappe de la tentative de suicide, la maladie fait son chemin. Madame de Piennes, une grande dame pieuse se rend à son chevet et lui apporte le soulagement de la charité : « Dieu aura pitié de vous, pauvre pécheresse ». Il s'agit d'un bien triste soulagement qui la fait se repentir et s'adonner au plaisir de la résignation jusqu'au point de renoncer à celui pour qui elle a voulu mourir : « Max de Saligny avait le renom d'un assez mauvais sujet, joueur, querelleur, viveur, *au demeurant le meilleur fils du monde* ». Bien que le narrateur le démente et la décrive incapable d'aimer : « Autrefois, elle avait aimé Max, comme elle pouvait aimer… elle mène la vie folle des femmes de son espèce » et aussi impossible à aimer « comme on peut aimer une personne de cette classe », l'ultime cri d'Arsène sera : « J'ai aimé ». Pauvre résumé de la vie d'Arsène qui rentre dans l'ordre, consentante, meurtrie, le cœur et le corps rongés par les maux funestes. En résumé, Arsène est une jeune et jolie femme qui a mené une vie loin de la vertu et meurt en proie à un vif repentir. Passons à la nouvelle suivante et voyons Colomba.

Colomba a enseveli sa jeunesse et sa beauté en prenant le deuil de son père. A la mort de ce dernier, elle a juré de le venger. Lorsque son frère, Ors' Anton, revient au pays, elle lui impose la vendetta. Tous les moyens lui sont bons afin d'atteindre son but. Souvent décrite plus homme que femme, Colomba s'y connaît en arme et choisit le fusil à la place de son frère : « celui-ci doit bien porter la balle. » Elle apprécie la poésie et devient tout feu toute flamme en entendant Ors' Anton lire Dante, car elle est une voceratrice, une artiste, elle chante et déclame. Toutefois, elle reçut au dire de son frère, une « éducation sauvage ». Populaire, elle l'est également. On l'invite pour ses dons de voceratrice à la veillée mortuaire au cours de laquelle elle se transforme en déesse :

« A mesure qu'elle improvisait, sa figure prenait une expression sublime ; son teint se colorait d'un rose transparent qui faisait ressortir davantage l'éclat de ses dents et le feu de ses prunelles dilatées. C'était la pythonisse sur son trépied. » Après que son frère a tué leurs ennemis, Colomba arrange son mariage avec une touriste anglaise en visite sur l'île, Miss Lydia Nevil et elle part avec eux en voyage de noces. A Pise, où ils font escale, elle devise avec le beau-père de son frère sur sa future vie où elle prendra soin de son neveu. Elle rencontre au cours de leur promenade le vieux Barricini, son ennemi mortel devenu presque aveugle et infirme. Impitoyable, elle l'achève d'un regard et d'une chanson de son cru, ce qui lui vaut d'être accusée du mauvais œil. Colomba est donc une jeune femme qui interprète la voix du destin au cours de veillées où elle est invitée par les familiers du défunt et pour elle, la vendetta doit être accomplie coûte que coûte, même si cela doit être au prix de son avenir. Regardons maintenant la quatrième et dernière héroïne Carmen.

Carmen est une bohémienne dont la beauté ravage le cœur des hommes. Elle est avant tout éprise de liberté, la sienne, cela s'entend : « Ce que je veux, c'est être libre et faire ce qui me plaît ». Pour elle, les hommes sont à prendre comme bon lui semble. Don José, un soldat de la garnison, s'éprend follement d'elle au point de la croire malgré lui : « Elle mentait, monsieur, elle a toujours menti. Je ne sais pas si dans sa vie cette fille-là a jamais dit un mot de vérité ; mais, quand elle parlait, je la croyais c'était plus fort que moi. » Le caractère de Carmen ne lui a point échappé et il sait qu'elle prise la liberté avant toute chose : « Pour les gens de sa race, la liberté c'est tout, et ils mettraient le feu à une ville pour s'épargner un jour de prison ». Bien que d'une loyauté indéfectible envers son amant, la jalousie de José lui devient vite insupportable. Carmen, loin d'être effarouchée par ses menaces, continue sa vie de vol et de contrebande. Don José ne supporte pas de la savoir dans les bras d'autres hommes. Il lui propose de partir ensemble commencer une autre vie. Carmen refuse : « Je te suis à la mort, oui, mais je ne vivrai plus avec toi ». Il la tue et confie au narrateur : « Elle ne voulait pas qu'on pût dire que je lui avais fait peur ». Somme toute, Carmen défie tous les tabous en choisissant la liberté et le moment où elle désire quitter son amant. Vaillante, courageuse et forte, elle préfère la mort à la honte de fuir ou de céder.

A la lecture de ces quatre nouvelles, nous sommes frappées par la virulence des passions qui animent ces quatre femmes. Colomba est habitée d'un désir de vengeance qui dicte tous ses actes, Carmen est éprise d'une telle liberté qu'elle ne peut abdiquer devant la mort, la Vénus d'Ille aime jusqu'à l'assassinat, et la volonté de rédemption d'Arsène lui fait renier son amour pour Max. Mérimée confie dans l'une de ses lettres que, lors de sa première publication dans *La Revue des deux Mondes* le 15 mars 1844, cette dernière nouvelle

a causé un grand scandale. On a trouvé qu'elle était impie et immorale. Trois ou quatre femmes, adultères émérites, ont poussé des cris de fureur que leurs anciens amants ont répétés en chœur. C'est à qui me jettera la pierre. Il y a trois jours, on parlait dans une maison devant un de mes amis d'une association découverte par la police la semaine passée. C'étaient quelques jeunes gens qui avaient une chambre dans un quartier éloigné où ils attiraient des jeunes filles dont ils faisaient mauvais usage. Une femme alors a demandé si l'on m'avait *pris*, car pour elle il était hors de doute que je fisse partie de l'association.

Ceci dit, nous pourrions dire que toutes ces femmes sont intéressées. Carmen vole, Arsène se prostitue, la Vénus s'approprie la bague destinée à la mariée et Colomba fait des projets de mariage pour son frère et la belle Anglaise, suppute la fortune du père et dispose déjà de la dot : « Si j'étais à votre place, Orso, je n'hésiterais pas, je demanderais Miss Nevil à son père… De sa dot, j'achèterais les bois de la Falsetta et les vignes en bas de chez nous ; je bâtirais une belle maison en pierres de taille, et j'élèverais d'un étage la vieille tour… »

Si nous nous référons à *La Vénus d'Ille,* il semblerait également qu'au cours d'une nuit de noces, il peut se passer des choses sortant de l'ordinaire, mais qui en aucun cas, ne justifient les histoires d'épouvante relatées par les jeunes mariées et qui souvent ressortissent à la pure folie selon l'entourage. Le mot d'ordre visiblement consiste à ne jamais ajouter foi à ce que raconte une jeune épousée quelque traumatisée qu'elle soit. En ce qui concerne la prétendue folie des femmes, nous en découvrons quelques échantillons dans les autres nouvelles. Suivant l'opinion de son frère, Colomba aussi est presque folle : « Colomba ! s'écria Orso, la passion te fait déraisonner ».

D'autre part, nous voyons aussi que lorsque l'on parle de femme, le diable n'est pas loin chez Mérimée. « Cette grande et forte femme, fanatique de ses idées d'honneur barbare, l'orgueil sur le front, les lèvres courbées par un sourire sardonique » et, sous sa plume, Miss Lydia prétend être sorcière et lire les pen-

sées des gens : « je suis un peu sorcière, » confie-t-elle à Ors'Anton. Si nous nous penchons
sur Carmen, nous voyons que son amant, Don
José, la compare au diable : « Une seule qui
valût cette diable de fille-là ... S'il y a des sorcières, cette fille-là en était une ! ». « Une bohémienne, vraie servante de Satan, » prononce
sans rémission le narrateur à son sujet. Carmen
ne les contredit pas, tant s'en faut : « Tu as rencontré le diable, il n'est pas toujours noir, et il
ne t'a pas tordu le cou ». Il en est de même des
autres héroïnes : « Orso stupéfait, regardait sa
sœur avec une admiration mêlée de crainte
"Ma douce Colomba", dit-il en se levant de
table, "tu es je le crains, le diable en personne..." » et tout comme Carmen, Arsène se
qualifie de diable « Moi je fis le diable ».

A sa décharge, il faut ajouter que les
femmes sont souvent très belles chez Mérimée

bien que leur expression soit loin d'être douce. Les yeux de Colomba brillent « d'une joie maligne » lorsqu'elle voit Miss Lydia la regarder partir avec son frère. D'un autre côté, l'intrépide Colomba reste timide et respecte la place qui lui est donnée par la tradition, ce qui fait sourire son frère « en voyant Colomba hésiter à se mettre à table avec lui ».

Alors que Vénus est d'une beauté plus parfaite que nature puisque le narrateur s'extasie : « Quoi qu'il en soit, il est impossible de voir quelque chose de plus parfait que le corps de cette Vénus ; rien de plus suave, de plus voluptueux que ses contours ; rien de plus élégant et de plus noble que sa draperie », son expression, en revanche, est malicieuse jusqu'à la méchanceté insensible :

> Tous les traits étaient contractés légèrement : les yeux un peu obliques, la bouche relevée des

coins, les narines quelques peu gonflées. Dédain, ironie, cruauté se lisaient sur ce visage d'une incroyable beauté cependant. En vérité, plus on regardait cette admirable statue, et plus on éprouvait le sentiment pénible qu'une si merveilleuse beauté pût s'allier à l'absence de toute sensibilité.

Cela n'empêche nullement le narrateur de remarquer : « c'est un admirable morceau », « avec un sourire diabolique » avec des « yeux de tigresse », une « expression de tigresse » et de se plaindre de ne pouvoir en faire le portrait : « impossible à dessiner … cette diabolique figure ». José définit les yeux de Carmen d'une manière très suggestive : « Elle me regarda fixement de son regard sauvage ». Pour tout dire, le portrait des femmes est loin d'être innocent chez Mérimée. Elles sont sujettes à la folie, diaboliques, intéressées et passionnées au-delà de toute commune mesure ce qui concoure à leur perte.

Cette étude pourrait cependant paraître bien partiale si n'était envisagé un autre aspect important du problème. Nous voyons que toutes ces femmes ont aussi un côté charmant qui les rend irrésistibles. Carmen se conduit en enfant : « Quand elle eut mangé des bonbons comme un enfant de six ans », Colomba admire les fusils du colonel et souhaite que son frère en ait de semblables et elle ne peut cacher « l'expression de joie enfantine » qui inonde son visage après que le colonel les donne en cadeau ! Quelquefois aussi, ces femmes ont des accès de douceur et elles pleurent, telle Arsène : « Des sanglots étouffèrent sa voix » qui, à l'encontre de Colomba, Carmen et Vénus, connaît ses moments de faiblesse : « Quand on est malheureux, on n'a plus la tête à soi ». En outre, il n'y a pas que les femmes qui sont belles et passionnées chez Mérimée. Par exemple, Alphonse l'est également, comme le note le narrateur : « Alors je le trouvais vraiment beau. Il était passionné. » La passion embellirait-elle ?

Deux autres traits récurrents, généralement attribués au caractère féminin, qui émergent dans ces nouvelles, sont la soumission et la bonté. Avide d'apprendre, Colomba accepte les leçons promises par Ors'Anton. En cela, elle ne diffère pas d'Arsène. Comme le lui dit Mme de Piennes – qui, soit dit en passant, représente la bonté personnifiée –, elle « doit préférer l'amour divin à l'amour terrestre ». Dans le cas d'Arsène, toutefois, l'ambiguïté persiste. Est-elle le diable ou bien est-ce Madame de Piennes ? Mérimée laisse au lecteur le soin de décider et d'apprécier la critique sociale sous-jacente. Au pays, Colomba a la réputation d'être bonne, comme le confie Chilina à

Orso : « Mais c'est votre sœur surtout qui est bonne pour nous. » La sensibilité de Colomba se manifeste aussi lorsqu'elle subit les effets de sa haine pour les assassins de son père. Et puis, Colomba est tout de même effarouchée « lorsqu'elle se retrouve pour la première fois avec le colonel et sa fille, » tout comme le fut Miss Lydia en entendant le matelot la comparer à une puce. Bien que les femmes soient comparées à des animaux, Carmen tout d'abord à un chat, ensuite à un mouton, les hommes le sont également : « Garcia était déjà ployé en deux comme un chat prêt à s'élancer contre une souris ». Don José, blessé, s'identifie à un lièvre : « Que j'allais crever dans les broussailles comme un lièvre qui a reçu du plomb » et les femmes se voient aussi réciproquement comme des animaux : l'Anglaise pense à l'effet que l'apparition de la Corse créerait dans les salons londoniens : « Quel lion, Grand Dieu à montrer ! ». Quant à Carmen, elle veut bien être le diable, mais pas un mouton : « Je suis habillée de laine, mais je ne suis pas un mouton ». Malgré tout, les hommes apparaissent légèrement supérieurs et savent se contrôler : « Si nous autres hommes nous n'avions pas quelquefois la ressource de détourner nos passions… ». Mais comme l'avoue Don José : « Une jolie fille vous fait perdre la tête, on se bat pour elle, un malheur arrive ».

Autant nous pouvons voir que, dans le cas de Vénus, Arsène, Colomba et Carmen, l'auteur les décrit comme des créatures plus ou moins maléfiques, malignes, dévergondées, cruelles et animalesques, autant nous pouvons lire que ces héroïnes sont également jolies, irrésistibles et bonnes. En contrepartie, certaines d'entre elles, Madame de Piennes, Miss Nevil, la mariée et la mère du marié, répondent à l'image féminine attendue d'elles.

Mais, l'opposition entre ces jugements n'est peut-être qu'apparente : en effet, avec *Colomba*, nous avons déjà avec le titre un paradoxe d'envergure puisque le nom de Colomba évoque une colombe, la douceur, la paix alors que l'héroïne assume les qualités contraires ; elle crie vengeance, se conduit en homme véritable à la grande surprise du préfet puisqu'il perçoit Colomba comme l'homme de la famille : « Mademoiselle est le *tintinajo* de la famille ; à ce qu'il paraît ». Elle pousse son frère à la vendetta, n'hésite pas à lui tenir tête au sujet de la poudre qu'elle désire donner au bandit et, comme un homme, elle fond des balles. C'est une ballade chantée par un marin qui annonce Colomba au lecteur. Sa réputation la précède comme la Vénus d'Ille, annoncée par le tintement de la pioche contre le bronze.

Arsène attire l'attention sur elle par un suicide raté qui met le quartier en émoi. A ce propos, un détail mérite la peine d'être mentionné. Le docteur K. Remarque, après avoir été sur les lieux de l'accident : « Ces gens qui se tuent, dit-il, ils sont nés coiffés » or le nom de famille *Guillot* signifie *volonté-casque* venant de *Wil-helm*. Certainement un trait d'ironie de Mérimée puisqu'*être coiffé* signifie *avoir de la chance*. Quelle chance en effet de réchapper d'un suicide pour mourir poitrinaire !! Et le docteur d'ajouter : « Ce qu'il y a de plus piquant pour elle, c'est que, si elle s'était tuée, elle y aurait gagné de ne pas mourir de la poitrine ».

En tant que prénom, Carmen apparaît pour la première fois en France avec la nouvelle de Mérimée. Ce nom signifie en latin :

chant, vers, poésie ou *composition poétique, prière, son, note,* mais encore *poème, satyre, poème lyrique* et il peut aussi être l'inscription au fronton d'un temple. Mais c'est aussi une prophétie, un oracle, un charme (dans le sens de formule magique). Beaucoup de choses pour une seule femme. Vu sous cet angle, les citations en début et en fin de nouvelle, respectivement : « Toute femme est du fiel. Elle a cependant deux bons moments : l'un au lit, l'autre au cimetière » et « En close bouche, n'entre point mouche » sont assez significatives de la mentalité de Mérimée. Dans cette optique, la mort de Carmen se déroule inéluctablement et avec elle, celle de toutes les femmes trop libres.

La Vénus d'Ille est une trouvaille de Mérimée aussi attrayante que la Vénus de Milo, bien que purement fictive. Vénus évoque l'amour, la beauté, la perfection des statues grecques qui nous viennent en imagination. Pourtant, l'auteur, prévient rapidement le lecteur du pouvoir maléfique de l'idole à l'aide d'une inscription gravée dans le socle : « CAVE AMANTEM » que le narrateur traduit par « Prends garde à toi si elle t'aime » ce qui nous donne pour ainsi dire une des clés du drame final. A cela, il convient d'ajouter que la devise de Mérimée « Souviens-toi de te méfier » a pu jouer un rôle dans le déroulement des nouvelles.

Un autre point qui rapproche ces récits est l'exotisme et la couleur locale dont elles sont empreintes. La Corse pour Colomba, l'Espagne pour Carmen, l'Antiquité pour la Vénus d'Ille et la misère pour Arsène Guillot car, ne l'oublions pas, la misère faisait, et fait toujours, figure d'exotisme pour le public auquel les nouvelles étaient destinées. Un exotisme qui n'est pas sans rappeler celui qui, dans la littérature contemporaine, réside dans les banlieues sensibles. Cette couleur locale, chez Mérimée, détermine – partiellement – le caractère des héroïnes. Mérimée aurait-il recherché un effet dramatique par l'opposition violente des couleurs comme le suggère Pierre Trahard ? Nous pensons que si cela est, la fonction du contraste est de démontrer le sort réservé aux différentes sortes de femmes. Douces, soumises et tendres, elles sont socialement acceptées ; libres, indépendantes, hautaines et dominantes, elles sont refoulées du cadre de la société, si nécessaire par la mise en scène de leur mort.

Les deux jugements ne sont pas nécessairement contradictoires puisque la limite tragique de Mérimée consiste en ce qu'il reste un auteur de son époque. En effet, il ne peut octroyer aux femmes la liberté que, d'un autre côté, il leur confère. Elles se doivent de rester asservies (Colomba) ou de mourir (Carmen, Arsène). Même la Vénus n'échappe pas à cette règle immuable. En tant que symbole de notre culture toute puissante qui ne saurait périr, elle est refondue, transformée, pour ainsi dire purifiée, par le feu.

Comme nous avons pu le constater, le sort de ces quatre femmes subit la loi d'un destin implacable qui les amène toutes à une mort tragique. Pour toutes les quatre, cette mort se pare d'un élément dramatique accentué. Toutefois, nous pouvons parler d'une mort expiatoire. En effet, Arsène est punie de la vie de prostituée qu'elle a menée encore plus que d'avoir attenté à ses jours. Pas une seule fois, Madame de Piennes ne lui reproche vraiment son geste inconsidéré. Arsène meurt après un triple martyr : la souffrance des contusions occasionnées par sa chute, le mal de poitrine qui la ronge et le regret de ne pouvoir croire à l'amour du beau Max. Ce dernier est destiné à Madame de Piennes, qui en récompense de la vie pieuse et charitable qui est la sienne, se voit octroyer la possibilité de se permettre une petite affaire. Dérogation autorisée et bénie par la morale bourgeoise, cette même morale au nom de laquelle Arsène doit périr. Apparemment, la bourgeoisie préférait fermer les yeux sur certains aspects de la morale.

Carmen meurt assassinée par les mains de son amant. Bien que de toute évidence, la vie de Carmen soit loin d'être exemplaire, elle doit expier pour son désir de liberté plus que pour les infractions commises au code de bonne tenue et, principalement, pour vouloir choisir le moment où elle quitte son amant au lieu d'attendre tranquillement qu'il se lasse d'elle. La morale de l'histoire est toute simple : une femme ne peut être libre ou elle s'expose à la mort.

La Vénus d'Ille, symbole de culture, n'échappe pas à cette règle. Après avoir, pour le moins, dérangé la vie paisible du village et avoir fait fondre le malheur sur la famille Peyrehorade, elle est refondue. Destin annoncé dès le moment de sa première apparition lorsque la pelle la frappe et produit le tintement d'une cloche. Mérimée ne précise pas de quel genre de cloche il s'agit. Un tocsin ?

En ce qui concerne Colomba, peut-être ne meurt-elle pas physiquement, mais l'auteur envisage pour elle une seule position sociale possible : devenir la marraine de son futur neveu. Pour les jeunes filles de son époque, le mariage hors de portée équivaut à une mort sociale. Colomba est condamnée pour son indépendance, sa conduite masculine, peut-être aussi pour ses intrigues et sa cruauté. Alors que Miss Nevil, restée très féminine d'un bout à l'autre de la nouvelle, se voit consacrée en tant que femme puisqu'elle aura accès au lot suprême, le mariage. La jeune fille distinguée, très comme il faut se voit récompensée ; la jeune fille hommasse n'a plus qu'à rester vieille fille. Les joies du mariage lui sont refusées ; la place de gouvernante reste la seule voie offerte à cette virago qui avait osé se conduire en homme, penser à l'honneur de la famille, à la revanche, à la vendetta, domaines exclusivement réservés aux mâles. Qu'elles soient belles et coquettes, froides comme le marbre des statues ou brûlantes comme les tisons du diable, il y a des domaines où les femmes ne sauraient s'aventurer sans encourir les affres de la mort méritée. Au contraire, restent-elles dans ce sentier tracé tout droit pour elles, le succès leur est grandement assuré par l'homme qui les aura élues à ses côtés.

De cela, il serait aisé de conclure que la fonction dramaturgique des caractérisations des personnages féminins dans la nouvelle de Mérimée, recèle une leçon de morale tacite qui, sans être explicite, reste du moins implicite et peut être appréhendée comme telle par le lecteur sensible aux mécanismes latents qui courent en trame de fond dans les nerfs de l'intrigue.

[1] Prosper Mérimée, *Lettres à Madame de Montijo I,* Paris, Mercure de France, 1957, p. 147

L'opéra I

Naissance

L'opéra est d'origine italienne. Il fit son apparition en 1600. C'est la date à laquelle un compositeur du nom de Peri, composa l'opéra *Euridice*. Son œuvre antérieure, *Dafne,* a été perdue.

Avant cette période, il y avait toutes sortes de compositions musicales plus ou moins mises en scène : miracles, mystères, drames sacrés et des masques (sortes de comédie). Toutes ces formes de théâtre avec musique ont conduit à l'opéra tel que nous le connaissons.

A la fin du 16e siècle, un petit groupe de gens de noblesse aux aspirations artistiques, connu sous le nom de « La Camerata » se rencontrait à Florence. Les rencontres se tenaient sous la présidence du comte Giovanni Bardi di Vernio. Jacopo Corsi en devint ultérieurement le meneur. Des compositeurs tels que Vencenzo Galilei (le père de l'astronome), Emilio de Cavalieri, Jacopo Peri, Giulli Caccini étaient membres de « La Camerata ».

Résolution fut prise de faire revivre la tragédie de la Grèce antique. Des règles furent établies. Par exemple : les paroles et la musique devaient rester intimement mêlées les unes à l'autre. Le texte devait à tous moments être compréhensible, chaque parole étant bien prononcée séparément et chantée d'une manière naturelle. Et, par-dessus tout, la musique devait interpréter l'émotion générale sans se perdre en détail.

Claudio Monteverdi, un éminent compositeur à l'excellente réputation, réussit à atteindre l'objectif de « La Camerata » avec son premier opéra *Orfeo*.

Il était maître de chapelle à l'église San Marco de Venise, après avoir été au service du duc de Mantua. Claudio Monteverdi (1567-1643) était un musicien possédant un énorme pouvoir d'imagination et capable de transformer les règles théoriques de « La Camerata » en pratique. C'est une chance qu'il ait pu accomplir ce tour de force, d'un point de vue dramaturgique, car l'opéra est un art théâtral.

Le mot opéra (opera) signifie en italien : œuvre, travail, et c'est certain que s'y consacrer résulte en énormément de travail. L'opéra est souvent décrit comme une forme d'art total, toutes les formes d'expressions artistiques se retrouvent dans sa composition. Le chant, la comédie, la danse, la musique instrumentale, la peinture, la construction (les décors), la couture (les costumes), l'éclairage et, encore bien d'autres aspects viennent s'ajouter à la production d'un opéra. Le chant, c'est-à-dire l'art vocal, tient la place primordiale. C'est un moyen d'expression où la voix utilise toutes ses ressources d'éloquence.

Après Monteverdi, bien des compositeurs ont écrit des opéras : Lully, Gluck, Haendel, Mozart, Verdi, Wagner, Bizet, Massenet, Puccini pour ne citer que ceux-là.

L'opéra II
Les différentes voix

L'opéra parle à chacun de nous d'une manière différente. L'un voit les décors fabuleux, l'autre y jouit des costumes somptueux ; pour l'un, il évoque le bâtiment de la Bastille, pour un autre encore, il suggère un flot de musique, un grand orchestre. Chez tel autre, enfin, la fantaisie ne connaît plus de bornes : il s'imagine entouré de Henri IV et sa cour ou noble à la cour du Roi Soleil. Ils ont tous raison, car l'opéra, c'est cela et encore bien davantage. Cependant, le véritable aficionado se rend à l'opéra pour y entendre les voix.

Qu'est-ce une voix opératique ? Une des caractéristiques essentielles ralliant tous les suffrages est le volume. C'est logique, si l'on considère que la voix dans les ensembles avec orchestre doit rester audible pour le public. Mais, sur ce fait bien sûr, il y a eu au cours des siècles des différences énormes d'appréciation. Suivant la période pendant laquelle l'opéra a été écrit, l'orchestre diffère dans sa composition et, par-là même, dans sa sonorité.

Un orchestre dans Wagner est tout à fait autre chose que celui utilisé par Monteverdi. A l'époque de ce dernier, la période appelée baroque, l'orchestre était très petit. Les instruments avaient un son très doux, le piano devait encore faire son apparition ; à sa place, les musiciens jouaient du clavecin, de l'épinette. Les instruments à cordes étaient équipés de cordes en boyaux au lieu de celles d'acier et de nylon de nos jours. Le son d'un tel orchestre était, en général, beaucoup plus faible en volume, ce qui explique que les voix interprétant cette musique seraient plus petites que celles nécessaires à un opéra de Verdi, par exemple.

Les voix à l'opéra sont divisées en plusieurs catégories. Premièrement, les voix de femmes, sopranos, mezzo-sopranos et altos. Deuxièmement, les voix d'hommes : les basses, les barytons, les ténors, les hautes-contre et enfin les voix d'enfants (garçons et filles) sopranos et altos. De tout temps, les voix de jeunes garçons ont été hautement appréciées. Leurs voix subissent une transformation à la puberté et descendent d'une octave. Souvent les jeunes sopranos deviennent ténors, mais pas explicitement.

Toutes les catégories de voix sont divisées en sous-catégories. Elles sont utiles pour juger les rôles auxquelles elles sont le mieux adaptées. Bien entendu, ces valeurs sont assez arbitraires et soumises aux fluctuations des goûts des différentes époques, voire même des différents chefs d'orchestre. Le rôle de Carmen a été créé pour Galli-Marié un mezzo léger, un Falcon, mais de nos jours, il est souvent chanté par toutes les catégories, des altos, des mezzos et des sopranos, car c'est un rôle très attrayant à chanter pour une cantatrice, une sorte de challenge pour ainsi dire. Même certains hommes ont chanté La Habanera de Carmen.

Celui qui s'intéresse à la voix d'une manière sérieuse remarque rapidement que c'est un sujet de conversation sans limites et offrant une possibilité incalculable de discussions. Il n'est pas indispensable d'être spécialiste pour y prendre plaisir. Cependant, celui qui veut chanter de l'opéra doit avoir avant tout un enthou-

siasme à toute épreuve en plus d'une voix raisonnable, sans toutefois oublier que le mot signifie : Travail.

L'opéra III

La voix dans l'opéra

La voix humaine, le plus beau des instruments, peut transmettre à son auditeur des sentiments, des émotions, des pensées, des intentions, des rêves quelquefois et beaucoup d'autres informations absentes des paroles qu'elle escorte dans leur expression.

Si la communication humaine consiste en quarante pour cent de langage gestuel, la signification des mots, elle, ne compte que pour six à sept pour cent, cinquante-deux à cinquante-trois pour cent étant réservés à la voix. Les intonations, les inflexions bien sûr, mais aussi la structure des sons émis, leur durée, leur résonance offrent un véritable réseau d'informations sur la personnalité, les projets non exprimés, les désirs et les mensonges du parleur.

Une voix ne peut feindre, elle révèle les détails les plus intimes de notre être secret, car c'est le seul instrument naissant jour après jour des forces inconscientes de l'être maîtrisées, unies à la subtilité fragile d'un mécanisme aux rouages minutieusement engrenés, trahissant l'atavisme inviolable de notre capacité d'aimer.

Cette faculté de chérir permet, dès la plus tendre enfance, d'apprivoiser, de modeler, de façonner patiemment ces sons universellement reconnaissables, la signification étant moins rendue par les paroles que par la manière de les prononcer : « C'est l'air qui fait la chanson. »

De nombreux gestes que l'homme emploie pour se manifester de façon non verbale, lui donnent la possibilité de communiquer avec ses semblables sans avoir recours à la parole ; le langage corporel qui, souvent, est incontrôlé indique également ses intentions à son vis-à-vis.

De même, l'homme peut utiliser des inflexions de voix différentes pour rendre plus clairs, plus attrayants, plus captivants ses propos, et subjuguer son auditoire. Quant à la nature de la voix, elle restera inchangée au cœur de l'émission du son. Une voix déguisée, maquillée garde son naturel sous ses fards, qui se révèlent transparents à l'oreille exercée et aux cœurs ouverts à l'écoute de leurs semblables.

L'homme peut produire des sons qui forment une base langagière orale, quelle que soit la langue parlée ; sons avec lesquels il communique pareillement dans des langues inconnues de lui-même, pour peu qu'une étincelle de sympathie pour son interlocuteur lui en donne le désir. Ces sons ainsi générés extériorisent des sentiments, des émotions, des états d'âme.

Le moule culturel pour les exprimer peut être différent, les affects restent identiques.

Sur la globalité de notre planète, le chagrin, la douleur, la joie, le pathos, l'amour, l'humour, la colère, la paix, la compassion, la surprise, le dégoût, l'angoisse, le désespoir sont présents tour à tour dans la voix de tous les êtres qui s'y côtoient, à nous de rester à l'écoute et de l'entendre.

Le chant et la danse

Lorsqu'un danseur remplit l'espace, c'est uniquement par le pouvoir de son charisme qui nous oblige à le regarder et à le voir à l'exclusion de son environnement, mais lorsqu'un chanteur remplit l'espace, il s'agit de sa voix qui se propage en vibrations dans tout l'espace.

Dans le cas du danseur, il est impossible de percevoir son instrument, son corps, du moment que l'on regarde dans la direction opposée à laquelle il se trouve ; dans celui du chanteur, en revanche, sa voix nous parvient sans que nous ayons besoin de le voir. Même dans le cas où nous nous trouverions dans une autre pièce, sa voix, son chant nous parviendrait.

La danse est un art dans l'espace
Le chant est un art dans le temps

La peinture est un art dans la surface

Le chant est un art différent de tout autre, car l'instrument et le matériel nécessaire à sa réalisation sont impalpables, insaisissables.

La voix est le seul instrument réalisé par les forces inconscientes de l'être humain.

La voix humaine

Historiquement, la voix est le moyen d'expression musicale le plus important, le plus spontané et le plus universel. Mis à part cela, elle est un moyen de communication humaine considérable, pour ne pas dire l'essentiel. Sa description se compose de deux éléments bien distincts. Les éléments physiologiques et, ce que nous appelons le métaphysique. Commençons par le physiologique, le plus aisé à définir.

La voix est le son généré par l'action du souffle faisant vibrer les cordes vocales (éléments vibratoires de notre appareil phonatoire). Son parcours dans le larynx et la bouche, qui forment ensemble le canal vocal, la module comme nous pouvons l'entendre. La production de la voix, la phonation, se divise en trois fonctions élémentaires : la production du souffle, la génération du son, la modulation de celui-ci.

Chacune de ces trois fonctions est à son tour subdivisée en plusieurs sous-fonctions. Nous éviterons d'entrer dans les détails, mais en vérité, les trois fonctions sont indissociables et il s'agit d'un phénomène unique. L'un ne fonctionne pas sans l'autre pendant l'émission de la voix parlée ni dans celle du son vocal. Leur description nécessite des connaissances de physiologie et des connaissances anatomiques trop pointues pour notre présente étude. Pour le côté métaphysique, il faut se rendre à l'évidence : la voix est le seul instrument composé des forces inconscientes de l'être humain.

Les voyelles résultent des modulations du timbre du son glottique, obtenues par résonance, et donc, indépendantes de la hauteur du son, mais dérivant de la forme imposée au canal vocal par l'articulation des sons. Le timbre des voyelles présente déjà une grande variabilité chez un même individu et a fortiori chez des personnes différentes surtout si elles sont d'âge, de langue et de sexe divergents. Pour comprendre les voyelles, notre oreille est plus habituée à évaluer les rapports des timbres des voyelles plutôt que leur couleur dans l'absolu. Pour cela, elle est aidée par la présence des consonnes. Ceci explique que dans le chant, bien que les voyelles soient modifiées par rapport à la voix parlée, on comprenne tout de même les paroles.

Dans sa *Zoonomie* (1795), Darwin rapporte le cas d'un aveugle, Justice Fielding, qui pouvait grâce au principe de réverbération, évaluer les dimensions d'une pièce, dès qu'à son arrivée il prononçait quelques mots dans le local.

La voix

L'opéra est synonyme de chant. Un art créé dans le temps. Si la danse est exécutée dans l'espace, la peinture sur une surface, la sculpture dans des volumes, le chant, quant à lui, s'inscrit dans l'instant. Le maestro et les virtuoses règnent sur la musique. La diva sur l'opéra qui, sans les chanteurs, est impensable.

A l'inverse des autres musiciens, le chanteur est totalement indissociable de son instrument. Il lui est impossible de le faire admirer par ses semblables en restant inactif. Un pianiste peut, sans s'asseoir à son clavier, désigner son Pleyel, Bernstein ou Yamaha. Un de ses amis pourra en son absence le signaler, sans problème, à l'attention d'un autre. Cela est dénié au chanteur. Pire ! Personne d'autre que lui ne peut exhiber sa voix. Ils sont absolument inséparables. Le grand avantage : il est également le seul à pouvoir en jouer. A l'égal de ses sentiments profonds et véritables, elle lui appartient en propre. Il est instrumentiste et instrument simultanément et tout à la fois.

Bien qu'étant le plus familier de tous les instruments, la voix est aussi le plus complexe. Le seul composé entièrement des forces inconscientes de l'individu comme dit précédemment. Si elle peut s'entendre sans problème, elle reste indéniablement invisible et insaisissable. Elle relève du domaine des sons et de l'ouïe. D'un côté, un mécanisme suivant sans faillir les lois de la physique, de l'autre, une partie de mystère qui enrobe les sons émis, évoque une manipulation virtuellement magique. Tout un spectre de qualificatifs est utilisé pour désigner le phénomène : l'âme, le timbre, la couleur, la densité, le registre, l'émission. Elle peut être de gorge, de tête, rauque, divine, sépulcrale, caverneuse, nasillarde, grêle, cassée, enrouée, avinée, angélique, enjôleuse, éraillée, traînante, voilée, sourde, pâteuse, de stentor, de rogomme, inaudible, claire, un filet. Elle peut s'adoucir, se baisser, se hausser, s'élever, sombrer, bourdonner, murmurer, psalmodier, roucouler, s'égosiller, casser la tête, les oreilles, chevroter, chanter juste ou faux, réciter, entonner, vocaliser, triller, déclamer, filer, couler, porter, lier, chantonner, fredonner, moduler, gazouiller, attaquer et, elle peut avoir un chat.

De nos jours, les chercheurs ont la connaissance nécessaire à reconstituer une voix et faire parler des ordinateurs, mais donner à ceux-ci une résonance humaine est encore hors de leur portée. Quant aux chanteurs qui nous charment, aucun d'eux n'a vu son instrument fabriqué en laboratoire.

Au troisième millénaire, alors que presque tous les organes peuvent être transplantés d'un corps humain à l'autre grâce aux techniques sophistiquées du matériel des salles d'opération et à la dextérité des grands maîtres du bistouri, la voix est toujours la propriété d'un seul individu.

Certaines personnes rendues muettes par un accident ou une maladie jugulaire recouvrent la parole et peuvent à nouveau communiquer oralement à l'aide de sons articulés plus ou moins distinctement. Bien souvent, elles s'expriment alors avec des résonances métalliques ou chuchotées, très dissemblables des qualités initiales de leur organe original. Les éléments constituant la personnalité vocale sont encore immuables et ignorés bien qu'à l'heure actuelle, des ordinateurs avancés fonctionnent selon le système de *speech-recognition*, la reconnaissance vocale. Ceci nous amènerait à penser qu'il est plus aisé d'entendre que de parler. Évitons cependant la méprise en tirant trop rapidement des conclusions.

La parole et le chant

De tout temps, l'homme a communiqué oralement avec ses semblables et son environnement. Probablement qu'à son apparition sur la planète, son répertoire se limitait à quelques grognements et onomatopées soulignant sa gestuelle plus évoluée. Au fil des millénaires, son vocabulaire émergea des sons inarticulés, son langage se forma plus amplement et devint ce qu'il est aujourd'hui. Ce scénario schématisé retrace approximativement le trajet du développement de l'usage de la parole depuis les balbutiements de l'homme des cavernes aux phrases affables d'un présentateur de journal télévisé. L'histoire a pu se dérouler légèrement différemment et plusieurs incidents de parcours restent sans explications, mais cela est de moindre importance dans le contexte qui nous occupe. « L'être humain – exception faite de quelques individus atteints de déficiences congénitales – peut s'exprimer verbalement » est l'argument irréfragable qui nous concerne.

Chanter est directement lié au verbe. Nous pourrions même avancer que c'est une manière stylée de parler. Le même appareil vocal est utilisé. Malgré cela, pour beaucoup de nos semblables, il y a plusieurs millions d'années-lumière de distance entre les deux. Pourquoi ? Tout simplement par manque de réflexion. Les mêmes mots sont prononcés dans le chant et la conversation courante. La seule différence réside dans la vision, l'état d'esprit.

Le diapason, la durée et l'intensité de l'émission formant la mélodie et le rythme sont divers dans les deux cas. Par ailleurs, il est bon de noter que sans le rythme, la mélodie est inexistante. Même imperceptible, il est présent. Changer celui-ci équivaut à transformer celle-là. De là, l'impérieuse exigence de la précision de l'exécution par respect pour le compositeur. Lorsque nous chantons, nous exécutons une mélodie précise souvent connue à l'avance, mais pas nécessairement (pensez à l'improvisation).

En principe, toute personne ayant la capacité de parler peut chanter. Dans le monde entier, les mamans fredonnent des berceuses à leurs enfants, les hommes entonnent des airs à boire lors des fêtes familiales et des foules entières attaquent les hymnes qui leur sont chers lors de rassemblements nationaux. Même les bègues chantent sans faire entendre leur imperfection de prononciation. Néanmoins, chanter seul en public représente pour beaucoup une épreuve insurmontable. Pour d'autres, par contre, il s'agit d'un délice incomparable. Mais, pour tous, il s'agit d'une expérience inoubliable.

Ne nous leurrons pas. Le chant se pratique à plusieurs niveaux en accord avec le développement de l'organe et les connaissances musicales de l'exécutant. La prestation des enfants psalmodiant une comptine dans une cour d'école est d'un autre ordre que celle effectuée par une diva sur une scène d'opéra. Nonobstant, la cantatrice a débuté sur les pavés de la maternelle. La Callas, Domingo, Pavarotti, Botticelli n'ont pas toujours ému les foules. Un travail constant et dirigé sur leur instrument leur a permis d'atteindre ce but.

Sans vouloir devenir l'un des monstres sacrés de la scène lyrique, une vedette de la chanson ou une idole du rock, il y a des avantages considérables à étudier sa voix et à la travailler. C'est une attitude de recherche et d'alerte permanente, une découverte de soi qui apporte des joies profondes à qui saura éviter les écueils de l'impatience.

En effet, il faut beaucoup de temps pour apprendre à se connaître, à s'écouter, à s'affronter et à s'aimer. Un grand mot. Cependant, l'amour, le don de soi, est ce que nous désirons entendre en écoutant nos stars préférées. Et ce, quel que soit le style dans lequel elles se produisent.

L'amour des autres débute par l'amour de soi. Sans aller défendre un narcissisme outrageant, on peut affirmer que charité bien ordonnée commence par soi-même. Cette maxime est superbement applicable lorsqu'un être est impliqué dans l'étude de la voix qui le dirige vers la constante maîtrise de ses pensées, la prise en charge de ses responsabilités et lui apprend à gérer son coefficient émotionnel. D'où la nécessité absolue pour des êtres désorientés, déshérités de biens moraux et spirituels, d'avoir accès à la pratique du chant et de s'approprier ainsi une connaissance vitale de leur moi intérieur sans laquelle aucune générosité n'est possible. Mais, bien entendu, tout être « normal » peut tout aussi bien jouir du fait de chanter et travailler sa voix.

Tout est musique à qui veut l'entendre

Une promenade en forêt procure une symphonie pastorale si l'on est un tant soit peu à l'écoute de l'environnement. Un dîner entre amis et le bruit des couverts butant sur les assiettes forment la trame de fond où s'égrènent les rires dans le décor sonore de la mastication du voisin de table. C'est un véritable concert de chambre qui se joue autour de la table. Une gare Centrale renferme sous sa verrière un concert de jazz donné par l'arrivée et le départ des trains, le pas des passagers arpentant les couloirs, le roulement des chariots et les interpellations des enfants. Un brouhaha continuel d'où émergent des mélopées lancinantes, poignantes, reflétant la vie trépidante des citadins.

Et l'opéra dans tout cela ? Il est omni-présent. Des chuchotements légèrement scan-dés, et c'est le chœur des contrebandiers qui nous parvient. Un homme et une femme s'ac-costent : « C'est toi ? C'est moi », Carmen et Don José sont devant nous. Un individu à l'al-lure cavalière, le chapeau fièrement rejeté sur l'arrière du front, pose pied sur le quai domi-nant la foule : voici Escamillo débarqué Gare d'Austerlitz. Une jeune fille aborde timide-ment un contrôleur : voilà à ne pas se tromper Micaëla égarée dans les montagnes demandant un renseignement. Quant à Lillas Pastia ? Re-gardez-le, il secoue de son torchon les miettes sur les tables du buffet. Zuniga passe et repasse avec son coéquipier, le pistolet à la hanche et fait régner l'ordre.

Le Bleu de la Voix

Les développements de la culture occidentale s'étalent sur plusieurs siècles voire millénaires avec de nombreuses dates charnières. Si l'on se réfère à celles concernant l'histoire de la musique et celle de l'histoire des couleurs, on constate plusieurs coïncidences. Sans vouloir en donner une explication, nous pensons nous y attarder un moment et les mettons en parallèle dans cet article. Cela, par ailleurs, est-il si étrange ? Baudelaire ne dit-il pas lui-même dans *Critique littéraire et musicale* : « Car ce qui serait vraiment surprenant, c'est que le son ne pût pas suggérer la couleur, que les couleurs ne pussent pas donner l'idée d'une mélodie, et que le son et la couleur fussent impropres à traduire des idées ; les choses s'étant toujours exprimées par une analogie réciproque, depuis le jour où Dieu a proféré le monde comme une complexe et indivisible totalité. » Une opinion mise en vers dans *Correspondances* :

> La Nature est un temple où de vivants piliers
> Laissent parfois sortir de confuses paroles ;
> L'Homme y passe à travers des forêts de sym-
> boles
> Qui l'observent avec des regards familiers.
>
> Comme de longs échos qui de loin se confondent
> Dans une ténébreuse et profonde unité
> Vaste comme la nuit et comme la clarté,
> Les parfums, les couleurs et les sons se répon-
> dent.
>
> Il est des parfums frais comme des chairs d'en-
> fants,
> Doux comme les hautbois, verts comme les prai-
> ries,
> – Et d'autres, corrompus, riches et triomphants,
>
> Ayant l'expansion des choses infinies,
> Comme l'ambre, le musc, le benjoin et l'encens
> Qui chantent les transports de l'esprit et des sens.

Les parfums, les couleurs et les sons se répondent. On ne saurait être plus clair. D'autre part,

en musique, il existe un savoir « dont le principe fondamental est l'assimilation des sons aux couleurs : c'est la science de l'instrumentation. » Beaucoup de compositeurs la pratiquent, mais pas tous avec un égal bonheur.

Le Bleu de la Voix ? La Voix aurait-elle donc une couleur ? Probablement, non seulement une couleur, mais tout un spectre de couleurs, les unes plus belles que les autres. Mais, peut-être est-ce tout simplement la musique qui est détentrice de ces couleurs et par extension, la voix. Dans l'étude du chant, les Indiens reconnaissent diverses correspondances entre les couleurs et la musique, mais aussi avec certaines parties du corps. Les notes de base restent les mêmes que dans la gamme occidentale diachronique selon le solfège dorémi, la première note pouvant être n'importe laquelle de l'octave. La seule évolution réside dans les *shrutis* que l'on peut définir comme les intervalles diésés. Une octave est divisée en vingt-deux *shrutis,* mais ne comprend que sept notes. Cela donne Sa, Re, Ga, Ma, Pa, Dha, Ni. Par exemple, la première note, le Sa, correspond à la couleur noire, au cri du paon, et comme partie du corps, au pied.

Le peintre Van Gogh accordait aussi une couleur aux notes de musique. Il habite alors la campagne néerlandaise et il a décidé de prendre des leçons d'orgue avec le sacristain du village. Il commence, comme il se doit, par la gamme. Une note attire particulièrement son attention : le Sol de la gamme diachronique. Il la voit bleue. Son amour pour cette couleur fait tant et si bien qu'il se refuse à en jouer une autre : « Ah ! Quel bleu profond » s'exclame-t-il un jour en réponse au curé qui lui demande pourquoi il ne joue qu'une seule note, et il

poursuit « J'hésite entre le bleu outre-mer ou...
non, définitivement outre-mer. » Le curé
n'ayant jamais perçu la couleur de la musique
prend peur et, le croyant fou, refuse de conti-
nuer les leçons.

Si le curé ne voyait pas la couleur de la
musique, plusieurs compositeurs se sont pen-
chés sur la question. Le pianiste russe
Alexandre Scriabine (1872-1915), dans son intérêt pour l'ésotérisme, composa *Prométhée ou
le Poème du feu*. Une composition considérée
en son temps comme hallucinée, car elle doit
être exécutée sur un « clavier à lumière » qui
n'est pas sans rappeler, dans un autre genre il
est vrai, le « clavier à cocktails » de Boris Vian
dans *L'Écume des jours*.

Nous connaissons également le poème
de Rimbaud : *Voyelles.*

A noir, E blanc, I rouge, U vert, O bleu : voyelles,
Je dirai quelque jour vos naissances latentes :
A, noir corset velu des mouches éclatantes
Qui bombinent autour des puanteurs cruelles,

Golfes d'ombre ; E, candeurs des vapeurs et des
tentes,
Lance des glaciers fiers, rois blancs, frissons
d'ombelles ;
I, pourpres, sang craché, rire des lèvres belles
Dans la colère ou les ivresses pénitentes ;

U, cycles, vibrements divins des mers virides,
Paix des Pâtis semés d'animaux, paix des rides
Que l'alchimie imprime aux grands fronts stu-
dieux ;
O, suprême Clairon plein des strideurs étranges,
Silences traversés des Mondes et des Anges :
—   O l'Oméga, rayon violet de ses yeux !

Mais, il faut aussi savoir que Rimbaud, dans
L'Alchimie du verbe, déclare : « J'inventai la
couleur des voyelles ! – *A* noir, *E* blanc, *I*
rouge, *O* bleu, *U* vert. » En ce qui nous concerne, après une recherche de plus de trente an-
nées consécutives sur les sons et les couleurs,

nous attribuons pour l'instant une tout autre valeur aux voyelles que nous reproduisons ici.

Voyelle	Couleur
A	Rouge
E	Blanc
I	Jaune
O	Bleu
U	Vert
Ou	Violet
Un	Bronze
Œ	Gris
An	Marron
É é	Argent
È è	Orange
À à	Or
Ô ô	Indigo
On	Noir

L'Antiquité

Dans l'Antiquité, la couleur bleue existait déjà, bien entendu. Que l'on pense au ciel, à la mer, à certaines fleurs, le lin… Mais, bien que cette teinte fut utilisée et perçue, les Grecs ne lui donnaient aucun nom spécial. Le phénomène de la vision – reposant en grande partie sur des fonctions biologiques –, ne peut être confondu avec celui de la perception qui, lui, est en grande partie le résultat d'usages culturels. Un phénomène bien décrit par Roland Barthes dans *L'Obvie et l'Obtus*. Bien sûr que les Grecs ou les Romains voyaient le bleu, mais ils ne percevaient pas cette couleur comme importante. De ce fait, ils ne la nommaient pas.

Selon les Égyptiens, la musique (appelée HY=JOIE) avait une origine divine. Elle était pratiquée dans toutes les strates de la société.

Nous conservons les traces de chants populaires et légendaires. Celle d'un chant millénaire national : *Maneros* (Hérodote) ainsi que celle de *L'Hymne des sept voyelles*, dépourvu d'accompagnement musical. La musique hébraïque qui, à l'origine, se composait de chœurs accompagnés instrumentalement, fut confiée à l'époque des Rois (1000 av. J.-C.) à la seule voix humaine : a capella. Les Grecs avaient une tradition principalement orale. Il est intéressant de savoir qu'ils notaient d'une manière distincte les musiques instrumentale et vocale. Pour cette dernière, ils utilisaient les lettres de l'alphabet, penchées d'un côté ou de l'autre avec une inclinaison plus ou moins forte.

Platon affirmait que seules certaines harmonies avaient un effet positif (dorienne, phrygienne) et toutes les autres devaient être exclues de l'éducation des jeunes. Aristote, pour sa part, accordait une utilité à tous les genres de musique, même à celle qui ne calme pas les esprits mais au contraire les perturbe, car les réactions violentes que celle-ci provoque peuvent produire, selon le philosophe, un effet cathartique de purification des passions. Toutes les tragédies comprenaient des chants, et des chorales accompagnaient les manifestations sociales.

Au Ve siècle av. J.-C. naquit la comédie d'où les chants et les chœurs furent petit à petit exclus.

On sait peu de la musique de l'époque régalienne (753-509 av. J.-C.), sinon qu'elle était en étroit rapport avec la civilisation étrusque. C'est au IIIe siècle av. J.-C. que le théâtre et la musique entrèrent en contact avec la culture grecque ce qui eut une influence considérable. Là encore, le chant domina.

Le Moyen Âge

Du Ve au XVe siècle, les « systèmes de valeur donnent la priorité à la densité sur la nuance ou la tonalité » selon Pastoureau. De cela, il résulte « une constatation qui heurte notre perception et notre conception modernes de la couleur : pour le teinturier du Moyen Âge et pour sa clientèle – comme du reste pour le peintre et pour son public – une couleur dense ou saturée est souvent perçue (et pensée) comme plus proche d'une autre couleur dense et saturée que de la même première couleur lorsque celle-ci est faible ou faiblement concentrée. Ainsi, sur drap de laine, un bleu dense et lumineux est-il toujours perçu comme plus proche d'un rouge lui aussi dense et lumineux que d'un bleu pâle, terne, "pisseux" ».

Jusqu'à la fin du XIVe siècle, les recueils pour teinturiers consacrent les trois quarts de leurs recettes à la couleur rouge. Après cette date, les recettes concernant le bleu deviennent de plus en plus nombreuses, au point que les secondes finiront par devancer les premières. Les mêmes données se rencontrent dans les recettes destinées aux peintres : les recettes de rouges dominent jusqu'à la renaissance, puis les bleus font concurrence aux rouges et finissent par les devancer. Une séparation rigoureuse existait entre les répertoires pour les teintes bleues et ceux pour les rouges avec interdiction absolue de se servir d'une couleur pour laquelle on n'avait pas de licence, celle-ci n'était obtenue que pour une seule de ces couleurs. Ce qui explique l'apparition tardive du violet, le mélange du rouge et du bleu.

Le chant dans la liturgie chrétienne possède déjà deux éléments qui resteront fondamentaux : d'une part, la lecture didactique des textes sacrés servant à l'exhortation (*lectio*) et de l'autre, l'intonation des psaumes, d'où nous vient le mot de psalmodie.

Trois courants émergeront après l'introduction de l'hymnodie byzantine vers 360 en Occident, peut-être par Saint-Hilaire de Poitiers. Elle fut largement diffusée à cause de son accessibilité. Trois courants donc. La plaine du Pô verra se développer le chant ambrosien ; la Gaule méridionale, le chant gallican et dans l'Espagne et l'Afrique, ce sera le chant mozarabe encore appelé hispanique ou wisigothique. Ces trois formes régionales disparaîtront avec l'unification grégorienne, entre les VIIIe et IXe siècles, qui se fera à l'instigation de la dynastie carolingienne qui voit en celle-ci un instrument formidable pour consolider les conquêtes impériales.

Réalisée au XIe siècle, elle se fait par degré et peut être considérée comme achevée avec l'extinction de la totalité des liturgies déviantes. Les centres monastiques assurent aussi une fonction importante de transmission. On relèvera les noms de Saint Gall, Einsiedeln, Fulda, Reichenau, Saint-Martial, Montpellier, Jumièges, Cluny et Mont-Cassius. Ils sont aussi les principaux centres d'élaboration du chant grégorien dans l'étape ultime de sa floraison.

Au IXe siècle apparaît la première attestation de la polyphonie. On peut supposer la codification écrite n'étant que l'aboutissement de la tradition orale, mais cela n'est pas nécessairement le cas. Pensons à Schoenberg et la musique dodécaphonique. Au XIe siècle, de nouveaux éléments morphologiques avec des mouvements plus souples font leur apparition : intervalles comme la tierce et la seconde. Au XIIIe siècle, on classifie les voix : les graves (basses, barytons) simples et celles avec beaucoup de fioritures et de mélismes dans les aiguës (ténor). Aux XIIe et XIIIe siècles fleurit l'école de Notre-Dame de Paris. On compte du XIe au XIIIe l'art des troubadours équivalant à quatre cents auteurs et plus de deux cent cinquante mélodies notées. Ils seront pratiquement exterminés durant les guerres contre les cathares.

Un nouvel ordre des couleurs

La couleur bleue devient la couleur iconographique de la Vierge, puis la couleur emblématique du Roi de France, celle aussi du Roi Arthur. Elle est désormais de plus en plus fréquemment associée par les textes littéraires à l'idée de joie, d'amour, de loyauté, de paix et de réconfort, le bleu devient la plus belle et la plus noble des couleurs. Après avoir été occultée, puis bannie, la couleur bleue « est passée couleur morale jamais ni infamante ni diffamatoire. »

Au XVe siècle, on verra la promotion du noir, des couleurs sombres et du gris qui était jusque-là abandonné aux vêtements de travail – en Occident – et aux vêtements les plus humbles. Les habits noirs deviennent chics et signe d'élégance et de richesse.

« Pour la Réforme, le vêtement est toujours plus ou moins signe de honte et de péché. Il est lié à la Chute, et l'une de ses principales fonctions est de rappeler à l'homme sa déchéance. C'est pourquoi, il doit être signe d'humilité et donc se faire sobre, simple, discret, s'adapter à la nature et aux activités. Toutes les morales protestantes ont l'aversion la plus profonde pour le luxe vestimentaire, pour les fards et les parures, pour les déguisements, les modes changeantes ou excentriques. Pour Zwingli et pour Calvin, se parer est une impureté, se farder une obscénité, se déguiser une abomination. » Ce qui reste visible dans les tableaux de la peinture flamande. Par ailleurs, aux Pays-Bas, principalement de confession calviniste, le noir est encore la couleur nationale lorsqu'il est question d'habillement.

Malgré tous ces avatars, trois couleurs prennent dorénavant le pas sur les autres : le rouge, le bleu et le jaune. Le vert, explique Pastoureau, n'est alors plus une couleur de base et il a descendu d'un cran dans la généalogie et dans la hiérarchie chromatique. Ce n'est plus une couleur primaire, mais secondaire obtenue par mélange.

XVIIIe – XXe siècle. La couleur préférée.

Récapitulation :

1. Promotion théologique et valorisation artistique au XIIe siècle

2. Prouesses des teinturiers à partir du XIIIe siècle

3. Primauté héraldique dès le milieu du XIVe siècle

4. Forte dimension morale avec la Réforme protestante deux siècles plus tard.

5. Mais c'est au XVIIIe siècle que ce triomphe est véritablement achevé

    a. d'abord par l'usage à

grande échelle de l'indigo, co-
lorant naturel connu depuis
longtemps, mais dont l'usage
n'était pas libre

b. puis par la découverte d'un
pigment artificiel, qui permet
en teinture et en peinture des
tons nouveaux : le bleu de
Prusse

c. enfin, par la mise en place
d'une symbolique renouvelée
des couleurs, accordant au
bleu la première place en en
faisant définitivement la couleur du progrès, des lumières,
des rêves et des libertés. En ce
domaine, le rôle joué par le romantisme, les révolutions
française et américaine n'est

pas à négliger.

Goethe dote son héros Werther d'un habit bleu parce que le bleu est à la mode en Allemagne en 1770, mais le succès de son livre renforce cette mode. Avec l'habit bleu de Werther, cette couleur devient l'emblème du romantisme allemand et peut-être du romantisme tout court. Elle redevient ce qu'elle était au Moyen Âge, avec les poètes qui jouaient sur « ancolie », fleur de couleur bleue, et « mélancolie ». En outre, le bleu des poètes rejoignait ici le bleu des expressions et proverbes qui depuis longtemps déjà qualifiaient de contes bleus les chimères ou contes de fées, et d' « oiseau bleu » l'être idéal, rare et inaccessible. Le romantisme dans la musique naît à la même époque.

L'opéra, un art accessible à tous

L'opéra simplifié

Tout opéra se compose d'une trame musicale et d'une ossature dramatique plus ou moins évidente le structurant comme une arrête un poisson.

Carmen, fondé sur la nouvelle de Prosper Mérimée, par sa structure, tant musicale que dramatique, se prête particulièrement bien à un raccourcissement laissant les parties vitales du travail intactes et favorisant la compréhension.

- l'ouverture
- l'air de José (La fleur…)
- les airs de Carmen (La Habanera, La séguedille, Les cartes)
- fête chez Pastia avec Escamillo
- les contrebandiers, Micaëla

- la corrida

- sans oublier les entractes connus de tous et faciles à assimiler

Présentation

L'opéra est présenté avec un rôle de récitant permettant d'éviter les caractères féminins impossibles à mettre en scène.

Quelques dialogues écrits pour l'occasion reprennent ceux de Meilhac et Halévy et des rôles sur mesure sont créés, exécutés avec un accompagnement enregistré préalablement (ou a capela) pour les plus doués. Les autres exécutants représentent les chœurs.

L'usage d'un lecteur de CD jouant des extraits de l'ouverture et des entractes renforce l'ambiance totale.

Carmen est l'opéra idéal pour un atelier où les

recherches dramaturgique et musicale vont de pair. Ceci est aussi vrai pour les aficionados que pour les non-initiés.

En effet, la nouvelle de Prosper Mérimée, source d'inspiration des librettistes du chef-d'œuvre de Bizet, procure un champ d'investigation propre à engendrer plusieurs interprétations plausibles. Certains personnages présents dans l'opéra sont absents dans la nouvelle et vice-versa.

La voie est libre pour la conception d'un nouveau spectacle renfermant des éléments des deux ouvrages et plusieurs possibilités sont offertes :

1° Reprise de l'idée du scénario de Mérimée :

Don José est le récitant, plusieurs caractères mâles sont mis en scène. Carmen devient l'éternel féminin, la Dulcinée invisible se manifestant par sa musique et ses airs joués par CD.

2° Des hommes jouent les rôles féminins et la trame de l'opéra est suivie.

3° un savant dosage des deux.

Un orchestre pas comme les autres

L'orchestre ? Les ustensiles du quotidien feront office d'instruments de musique. Des objets variables, manipulés de façon divergente d'à l'ordinaire, révèlent des motifs sonores dont la musicalité structurée dans le canevas de l'action s'élabore en bruitage d'accompagnement.

Par exemple, le bruit de :

- différentes sortes de papier froissé plus ou moins délicatement soutiennent les moments doux.

- des gobelets en plastique broyés dans les mains peuvent accentuer certains passages.

- des claquements de mains synchronisés remplacent des cymbales.

- des trépignements de pieds savamment dosés suggèrent les tambours.

- des bruitages judicieux de bouche produisent des éléments musicaux indéniables.

- le tout ponctué de plusieurs autres sons, lesquels sont créés en utilisant différentes parties du corps et animent une ambiance appropriée pour chaque scène.

Livret pour atelier
CARMEN (réécriture)

<u>PERSONNAGES:</u>

<u>MUSIQUE</u>

- Carmen
- Don José
- Escamillo
- Prosper Mérimée
- Zuniga
- Pastia
- des soldats
- des toréadors
- des brigands
- des spectateurs

<u>OUVERTURE</u>

<u>Don José est en prison, Prosper Mérimée lui rend visite :</u>

- Prosper Mérimée + Don José : Ils chuchotent.

<u>Se passe en extérieur</u>

SUR LA PLACE (en sourdine)

- Groupe de soldats

- Zuniga + Don José :   Dialogue n° 1

- Zuniga : Dites-moi, Brigadier ?
- D.J. : Mon Lieutenant. (se levant)
- Zuniga : Quel est ce grand bâtiment ?
- D. J. :   C'est la manufacture de tabac.
- Zuniga :   Ce sont des femmes qui travaillent là ?
- D. J. : Oui, mon Lieutenant.
- Zuniga :   Sont-elles nombreuses ?
- D.J. :   Très nombreuses, mon Lieutenant.
- Zuniga: Ce doit être curieux. Sont-elles jolies, vieilles, jeunes ?
- D.J. : Il y en a de toutes sortes, mon Lieutenant, mais il est interdit aux hommes de les visiter.
- Zuniga : Dommage. Dommage.

-Tous ensemble :   Mais, où est Carmen ?

Ah, la voilà !

Habanera

Prosper Mérimée + Don José :
- Don José : Une fois, cette Carmen, qui avait
la tête dure, s'était battue avec une de ses camarades jusqu'au sang. Mon supérieur m'avait
envoyé aux nouvelles et je ramenais Carmen
devant lui.

Zuniga, D.J., Carmen, les soldats :   Dialogue
n° 2

- Zuniga : Eh bien ?
- D.J. : J'ai vu Mademoiselle, elle a blessé une
de ses camarades.
- Zuniga : Ah, la Carmencita !
- D.J. : - Oui mon Lieutenant.
- Zuniga :   Et que dit la Carmencita ?
- Carmen : Tra lalalalalala
- Zuniga : Eh bien puisque tu le prends sur ce
ton ! Conduisez-la en prison !
- Carmen : Tralalalalalalala
- Zuniga : Quel dommage! Mais là-bas, vous
pourrez chanter vos chansons de bohémienne.

Prosper Mérimée + Don José: Dialogue n° 3

- P. M. : Alors, c'est vous qui deviez la conduire en prison ?
- D. J. : Oui, c'est moi qui devais le faire, mais elle se mit à raconter des balivernes et comme un niais, je l'écoutais. Elle s'échappa, et j'allais en prison à sa place.

PRES DES REMPARTS DE SÉVILLE

Éventuellement :

Zuniga : Voici l'ordre, partez.
  Évasion de Carmen, confusion

FINALE
ENTR'ACTE

II

se passe dans une taverne

CHANSON TZIGANE

Tous les habitués :

- Brouhaha, discussions, interpellations. (Vivat le torero)

VOTRE TOAST

Pastia, Zuniga, Escamillo + Carmen : Dialogue n° 4

- Pastia : Messieurs les Officiers, je vous prie, un peu de silence!
- Zuniga : C'est bien, c'est bien, nous partons.
- Escamillo : Dis-moi ton nom, lorsque je frapperai le taureau, c'est ton nom que je prononcerai.
- Carmen : Je m'appelle la Carmencita.
- Escamillo :   La Carmencita ?
- Carmen :   Carmen, Carmencita, comme tu voudras !
- Escamillo : Eh bien, et si je m'avisais de t'aimer, que répondrais-tu ?
- Carmen : Je répondrais que tu peux m'aimer tout à ton aise, quant à être aimé, il ne faut pas y songer !
- Escamillo : Ah !
- Carmen : C'est comme cela.

- Escamillo : J'attendrai alors et je me conten-
terai d'espérer.

- Carmen : Il n'est pas défendu d'attendre et il
est agréable d'espérer.

- Escamillo : C'est un grand honneur pour moi,
je tâcherai de ne pas m'en montrer indigne
lorsque je combattrai sous vos yeux…

DRAGON D'ALCALA
(ensemble)

Carmen + Don José :

-   Carmen : Je vais danser en votre honneur.

DANSE CASTAGNETTES

Prosper Mérimée et Don José :

- Don José : Je venais la voir, j'étais heureux.
Mais le clairon sonna et je devais partir pour
l'appel. Elle devint furieuse refusant de me
laisser partir, se moqua de moi, de mon sens de
l'honneur. Je lui expliquais alors tout l'amour
que je ressentais pour elle.

LA FLEUR

Don José : C'est alors que mon supérieur sur-vint. Il venait la voir. La jalousie s'empara de moi. Je le tuais. Elle m'emmena dans le repaire des contrebandiers. Je fus bien obligé de faire partie de la bande. J'étais devenu un déserteur.

III

se passe dans le repaire des brigands

INTRO

ÉCOUTES

Quelques brigands :   Dialogue n° 5
(discutent le coup de la nuit)

LES CARTES

Escamillo + Don José :   Dialogue n° 6

- Don José : Tu as invité ma femme sans me le demander.

- Escamillo : Improvisation

- Don José : Improvisation

Ils en viennent aux mains. Carmen et les brigands interviennent pour les séparer.

IV

se passe à la corrida

Entracte

Chœur

(en sourdine)

Quelques amis de Carmen :   Dialogue n° 7

Variations sur :

- Où est Carmen ?

- Elle doit être ici, car il y a Escamillo.

- Tu es au courant : José est dans les parages.

- Alors ,cela ne va rien donner de bon.

- C'est aussi mon avis.

Duo final

(fort au début, en sourdine
ensuite pendant que
Don José parle avec
Prosper Mérimée)

Se termine sur les dernières mesures de D.J.
Vous pouvez m'arrêter, c'est moi qui l'ai
tuée, ma Carmen adorée.

Fin

Récital et conférence

Jeudi 25 novembre

(5. Atelier de Sarah 1)

Des murs immenses gris, en béton strié de raies blanchâtres, avec dans une portion en brique rouge, une toute petite porte verte, par laquelle il semble impossible de faire passer quoi que ce soit, tant la paroi s'éternisant le long de l'asphalte est massive. Une pelouse réfugiée là on ne sait pourquoi, fait de son mieux pour verdir le pied de l'enceinte. Une surface vitrée, fenêtre qui ne peut s'ouvrir. A la base, un judas de fer avale mon identité résumée dans mon passeport. Un miroir rond, de la taille d'un ballon de foot, me renvoie mon image. Aimable, je me souris. Mon reflet part sans bruit en direction d'un circuit de caméras vidéo, j'en suis sûre. Les lettres d'imprimerie, plaquées en re-lief sur la muraille, sautent aux yeux : Maison d'arrêt des Hauts-de-Seine. En raccourci : la prison de Nanterre.

L'ordinateur, derrière la vitre, s'allume et la porte s'ouvre. Je pénètre à la suite de B. dans une sorte de sas d'aéroport, détecteur de métal aux rayons X et arche d'accueil compris. B. me remet un badge jaune de visiteur ayant déjà pas mal servi. Il est tout fripé. Me voilà étiquetée. Comme comité de réception, c'est très diffé-rent de l'ordinaire ! Moi qui marche à coups de cœur et de fleurs, bonjour le dépaysement ! J'ai plutôt l'impression d'aller prendre un avion que de m'embarquer pour un concert. Heureu-sement, je me suis préparée au maximum pour être capable d'assumer toute situation.

Une porte supplémentaire me plonge dans une cour intérieure. Rien de spécial. Sur la droite, un grillage quadrille la vue sur une cour asphaltée. A gauche, l'herbe du gazon lèche le pied d'un mur. Encore une porte. Je pénètre une rotonde ; à main gauche une salle de garde. Je dois mettre mon badge en évidence, bien qu'il me semble improbable, que quelqu'un essaie à tout prix de se faire enfermer ici, mais sait-on jamais ! Ce que je prends pour des ordinateurs est peut-être les écrans d'un circuit télévisé de surveillance. J'interprète ce que je vois plutôt que je ne le comprends, ma connaissance du milieu carcéral se limitant très sommairement à quelques films, pratiquement tous issus du système pénitentiaire américain. Ici, aucun chien de brigade ne vient renifler mon sac, pas un garde armé à l'horizon, pas de mirador d'où pointe un fusil-mitrailleur, mais surtout aucun surveillant n'ouvre la porte pour nous avec un trousseau de clefs dramatique. Il suffit d'appuyer sur un bouton, ce dont se charge B. La serrure se déclenche et me livre passage.

Un autre corridor sur la droite borde un espace de verdure entouré de nombreuses fenêtres. Quant aux barreaux, je les sens plus que je ne les vois. La lumière entre à flots, apporte l'essentiel. Je croise plusieurs hommes. Sont-ils ou non des résidents ? Ils paraissent circuler librement, mais je sais que c'est un effet d'optique. Je doute fort qu'ils puissent tous franchir les seuils comme je viens de le faire. Je perds le compte des portes. Elles se ressemblent toutes, avec leur couleur franche, un vert qui ne fait mal ni ne donne la déprime. Elles font partie de l'univers environnant sans pour autant s'y fondre. Les qualifier de portes est au demeurant inexact, ce sont des grilles omniprésentes malgré leur teinte accueillante et presque gaie. Mon badge de visiteur me rassure ; je pourrai repasser dans l'autre sens tout à l'heure.

Je me suis fait plusieurs scénarii ces derniers temps, tous fondés sur l'angoisse qu'inspire la prison en général, que ce soit la maison d'arrêt ou autre ; de plus, je suis claustrophobe. J'ai envisagé la panne de courant qui bloquerait les serrures, me retiendrait en ces murs à jamais. Également la possibilité d'arriver au mauvais moment, par exemple celui où un résident dangereux aurait forgé et réussi à exécuter un plan d'évasion avec prise d'otages, victimes dont je ferais partie ou bien une émeute se déclencherait indépendamment de mon arrivée tout en y étant synchrone. Je chasse ces visions apocalyptiques : j'ai un concert à donner.

J'arrive à une section de couloir munie d'une véritable porte, également fermée bien

entendu. Derrière celle-ci se trouve la salle polyvalente, lieu où l'activité « Opéra » aura lieu.
Je me concentre sur ma voix et ma respiration,
cela m'évite de trop penser aux conditions dif-
ficiles, pour ne pas dire impossibles, dans lesquelles une fois de plus je me suis mise pour
donner ce récital. Je m'explique. Il est neuf
heures du matin, et il y a un lecteur de CD por-
tatif en guise d'accompagnement. Cela n'est
rien. Je suis prévenue que la salle n'est pas
chauffée, donc froide. Qu'importe, j'ai une
prédilection pour les projets sortant de l'ordinaire ou carrément rébarbatifs. Apparemment,
j'aime les handicaps, il m'est impossible de re-
fuser un travail, quels qu'en soient les obs-
tacles. Après tout, c'est un défi. S. arrive avec
les clefs et plusieurs participants, il ouvre la
porte, mettant fin à mes cogitations. A l'œuvre
! Je jette un coup d'œil circulaire. La salle est

formidable. Spacieuse et surtout haute de plafond. Le rêve. Le podium est suffisamment grand pour permettre une mise en scène.

J'ai fantasmé à fond ces dernières semaines sur les résidents, me demandant ce à quoi ressemblaient des détenus, puisqu'il faut bien se rendre à l'évidence, ils ne sont pas dans cet établissement de leur plein gré. En revanche, c'est leur volonté personnelle de participer à l'« atelier opéra » et je suis absolument prête à leur donner le maximum. A première vue, un unique détail différentie ce groupe d'un groupe amateur habituel : seule la gent masculine est représentée.

Je dois faire des essais de sono. Renvoyé par la chaîne portable, le son de l'orchestre pâlit dans l'immensité du plafond. Il va falloir jouer serré. Si je me place au milieu du podium, je n'entends plus rien, qu'à cela ne tienne, je me positionnerai sur le côté. Des tables sont installées en U avec des chaises autour pour la conférence qui suivra le récital.

Je passe me changer dans la cabine de régie pleine de djembés. Somme toute, on se croirait vraiment dans un petit théâtre campagnard ou dans la salle des fêtes d'un patelin de l'arrière-pays. Le manque total de fenêtre rappelle l'ambiance des maisons de la culture en pleine Sibérie soviétique qui servent, polyvalence oblige, aussi bien pour les concerts, les films, les défilés de mode, la pratique de quelques sports ou pour les répétitions du groupe folklorique local ; j'apprendrai plus tard que cette salle est le gymnase. J'enfile une robe rouge vermillon sang de diva, très Carmen somme toute. Malgré l'absence cruciale de miroir j'arrive à me coiffer en chignon avec une grande mantille noire me tombant jusqu'aux genoux. Pas de coiffeur, pas de costumière, aucune glace, je me fie à ma bonne étoile, espérant avoir l'allure correcte. Ma voix bien lovée au centre de mon épigastre, prête à bondir hors de ma gorge à la moindre sollicitation de mon diaphragme, me rassure pleinement.

Je redescends l'escalier de béton en prenant grand soin de poser les pieds en travers des marches tant elles sont étroites, traverse la salle de long en large et, je monte les deux degrés en bois du podium. Les hommes prennent place sur les chaises, un vrai public attentif. Nous nous acceptons, nous nous ouvrons l'un à l'autre et Mozart retentit. Inspirée par Cherubino, je me laisse porter par la musique. La voix répond décemment malgré l'heure matinale. Pour Santuzza, je regrette que le lecteur ne puisse rendre les accords de l'orchestre plus

fortement, imprégner l'ambiance d'une manière encore plus dramatique, mais c'est bon
tout de même, la voix transmet. Je chante. Ah,
comme j'aime Santuzza, je voulais absolument
leur donner cet air et, c'est réussi. Les aigus
restent doux et forts, rendant justice à Mascagni. Puis, je passe aux airs français, Saint-
Saëns avec « Mon cœur s'ouvre à ta voix » qui
reste fascinant et je termine avec la Habanera
de Carmen, ce pour quoi je suis venue. Je fais
une révérence à mon public masculin qui ap-
plaudit très généreusement. Nous pouvons
nous asseoir ensemble autour de la table pour
discuter.

J'ai à peine le temps de revenir sur terre,
que je dois parler, expliquer. Sans prendre le
temps de me changer, il nous est limité, je commence par exposer la motivation de ma venue.
Elle est simple. De par le monde et de tout

temps, les musiciens ont été tantôt gratifiés, glorifiés tantôt immolés, persécutés. Quelquefois tour à tour, le même artiste s'est vu appliquer ces traitements variés à différentes étapes de sa carrière. De nos jours, dans plusieurs pays, il est interdit de pratiquer certaines musiques, la transgression de cette loi conduit irrémédiablement en détention, si ce n'est à la mort. Dans nos sociétés, ce sont uniquement les conventions que nous avons conclues qui régissent la possibilité ou l'interdiction d'être musicien. En tant que cantatrice, si j'exerçais ma profession dans d'aucuns pays à l'heure actuelle, je serais passible d'emprisonnement et, il n'y aurait plus aucune différence entre les résidents et moi. Pour cette raison, j'ai accepté de donner un atelier d'opéra à la Maison d'Arrêt des Hauts-de-Seine à Nanterre.

J'enchaîne sur l'opéra. Heureusement, je

connais le sujet. Puis, il faut installer le dialogue, faire passer l'énergie, recenser les capacités. C'est une équipe très forte et nous pourrons faire du bon travail, c'est clair. Le courant qui passe est très positif ; les garçons sont enthousiastes. Nous faisons un tour de table pour plus ou moins nous présenter question musicale. Ils aiment le rythme. L'exercice de claquer dans les mains résonne agréablement sans un seul problème, mis à part le manque de contrôle qui incite à l'accélération. Je vais devoir leur apprendre à résister à l'emballement, du moins qu'ils en prennent conscience. Un second exercice consiste à tenir compte de son voisin et à créer un mouvement d'ensemble corporel. Bien que ce soit déjà légèrement plus difficile à réaliser que l'exercice précédent, nous y parvenons sans trop de peine après une discussion primordiale : doit-on démarrer du pied gauche ou du pied droit lorsque l'on fait deux pas en avant ? Cas litigieux s'il en fut. Le metteur en scène, moi en l'occurrence, doit trancher. Je m'en remets à l'avis des experts, lesquels ont accompli leur service militaire et sont catégoriques : dans l'armée, on commence toujours la manœuvre du pied gauche. Ce qui, en soi, est absolument sans importance aucune, à partir du moment où le même mouvement est exécuté par tous simultanément.

Le temps passe rapidement. A la fin de l'intervention, nous nous séparons, satisfaits les uns des autres, avec la perspective de nous revoir dans trois semaines.

Atelier
Lundi 20 décembre

(8. Atelier de Sarah 2)

Ma deuxième intervention à la Maison d'Arrêt me produit un tout autre effet, puisque déjà, quelques détails me frappent et émergent de la confusion d'impressions nouvelles. De loin, j'aperçois les murs de la forteresse éclairée comme un palace méridional avec ses toits plats en bordure du canal, il n'y manque que les palmiers. Il fait encore nuit d'un ciel ultramarin vangoghien d'où se sont enfuies les étoiles. L'entrée d'un immeuble suffit à créer l'écart entre la liberté et la détention, la frontière entre le monde libre et l'univers pénitentiaire délimitant distinctement les deux milieux. Pour accéder au parking, la barrière rouge et blanche, d'un passage à niveau, activée électroniquement à l'aide d'un code personnel, se relève devant la voiture. La porte est toujours aussi verte et, dans le premier sas de sécurité, le rituel toujours aussi précis. Je remets mon passeport et on me fait cadeau d'un badge blanc cette fois-ci. Aurais-je droit aux couleurs de l'arc-en-ciel cette semaine ? Même sans ce carton, je doute fort que l'on me prenne pour un exemplaire de la population détenue, puisque c'est d'un univers uniquement masculin qu'il s'agit.

Nous devons faire un détour par l'administration, chercher la liste des participants. Tâche dont S. se charge. L'escalier gris est bien éclairé avec ses marches luisantes de propreté.

Quant au couloir, c'est un lieu ensoleillé malgré l'absence de fenêtres. Cet effet de luminosité provient du jaune clair dont les portes sont
enduites. Le sol, revêtu d'un anthracite noir
scintille sous les néons. Une ambiance paisible
règne dans ce désert matinal, inondé de clarté
artificielle. Pas trop récalcitrante, une photoco-
pieuse, à l'aspect fascinant, nous laisse utiliser
ses services après que nous l'avons nourrie de
feuilles blanches. Munis de partitions où
s'étale « La fleur que tu m'avais jetée » nous
redescendons dans le hall d'entrée et franchis-
sons plusieurs portes, les mêmes que lors de ma
première visite.

Un résident promu au nettoyage balaye le
sol de la salle polyvalente. Sur ma requête, il
m'aide à installer quelques tables en forme de
U pour un "tour de table". Les garçons se ras-
semblent rapidement. Nous nous serrons la

main avec plaisir avant de nous attabler prêts à l'attaque. Il s'agit déjà de retrouvailles.

Cet atelier est mis en place principalement pour fournir aux participants la possibilité de faire connaissance avec quelques facettes de l'opéra. Hier, S. m'a annoncé qu'il n'y aurait pas de spectacle. C'est dommage, mais si les résidents ne le veulent pas, alors nous ferons un atelier sans but de représentation.

En premier lieu, nous parlons de la voix, ingrédient primordial de l'opéra, ce qu'ils ont découvert à la première entrevue. Depuis, ils ont regardé un film de « Carmen » et travaillé sur la nouvelle de Prosper Mérimée en atelier de littérature. Ils ont reçu un livret raccourci, spécialement conçu pour eux, mettant la trame de l'histoire à nu. Plus avant dans l'intervention, nous en ferons une lecture complète avec musique. Bien que je doive connecter tout ce monde hétérogène ensemble, je veux éviter de trop les dépayser aujourd'hui et j'opte pour quelques exercices de théâtre dont ils pourront toujours se servir dans les ateliers suivants. Surtout et principalement des exercices me permettant de recenser et d'inventorier le matériel dont je dispose.

Pour commencer, la promenade au parc où chacun doit réagir suivant l'action décidée, laquelle révèle l'humour joyeux de T. ainsi que le bon caractère de J.-P. pendant les improvisations. Chacun joue un rôle choisi, apprend à incarner un personnage dans plusieurs situations théâtralisées. P., un danseur classique, évolue avec aise dans chaque mouvement.

Il est bien évident qu'en une semaine il est tout à fait possible d'aider des participants à atteindre une partie jusqu'alors inconnue d'euxmêmes. Leur faire sentir un moment de liberté spirituelle et faire comprendre par la musique, la nécessité de se contrôler, mais aussi de former un groupe où chacun doit être conscient des autres membres et où chaque être a une part de responsabilité. Des exigences simples, réalisables par tous, avec lesquelles nous entrons progressivement dans le domaine de l'opéra où la voix est reine et le rythme roi.

A la fin de la séance, nous formons un groupe homogène capable de jouer la chanson tzigane du second acte accompagnée d'une manière cohérente de six djembés, de claquements de mains, de frappements de pieds, de papier froissé, de frottements de sacs en plastique et d'un dos de chaise, le but étant de rechercher la possibilité d'intégrer les objets du quotidien dans la musique ou plus exactement de découvrir la musique dans les objets du quotidien. Moi-même je chante et garde le tempo.

Après deux ou trois couplets, plusieurs participants se joignent à moi et entonnent d'une voix
très juste la mélodie avec un plaisir visible.

Sur une poignée de main franche, nous prenons
congé les uns des autres en nous souhaitant bon
appétit, nous promettant de nous retrouver demain.

Mardi 21 décembre

(11. Atelier Sarah 3)

Ce matin, c'est la troisième fois que je traverse le portail d'entrée vers l'intérieur et déjà presque un usage s'installe, une habitude. Le rite du sas est une tradition dont s'accoutument rapidement les visiteurs de l'établissement pénitentiaire, qu'ils fassent partie du personnel ou qu'ils soient intervenants culturels ou sociaux. Il faut sacrifier à l'usage quasiment automatique de vider ses poches en éliminant tout ustensile de fer, trousseaux de clefs, coupe-ongles, mis tous bien en évidence sur une petite table. Sans exception, ils déclencheraient le bip sonore du détecteur. Pratiquement gênée, je retire de la poche de mon manteau mes chauffe-oreilles, j'explique à quoi servent ces pompons noirs et j'ai du mal à comprendre pourquoi je me sens toujours soulagée lorsque je réussis à passer le contrôle sans affoler les alarmes. La remise du badge, orange cette fois, confirme ce dont je présumais : je suis admise en prison. Mais, je ne suis pas incarcérée ; là est toute la différence avec les résidents qui font un séjour involontaire, autrement prolongé dans l'enceinte. Malgré les mesures de sécurité auxquelles je suis soumise, nos situations n'ont rien en commun si ce n'est que nous faisons de la musique ensemble, ce qui pour moi reste, par ailleurs, le plus important. Pour ce matin, nous avons un programme fondé sur les données acquises hier que nous approfondirons.

Pour débuter cette journée, nous analysons l'ouverture de *Carmen*. Nous apprenons à écouter et à discerner les émotions diverses, à les comprendre. Des évolutions dramatiques aident à intégrer les sentiments dans un jeu de scène rudimentaire, puis dans un jeu parlé, enfin joué. Le résultat est plus que satisfaisant. Tous déclament la même phrase anodine avec une attitude et une émotion variées. J.-Ph. élabore ses personnages très subtilement, séparant la colère et la tendresse d'une manière imperceptible, mais efficace. Nous faisons alterner de cette manière plusieurs caractères basés sur les personnages masculins de l'opéra. P. choisit, cela va de soi, d'effectuer les passes de toréador. Le fait d'être libéré demain lui donne des ailes.

Nous terminons cette séance par une répétition de plusieurs morceaux musicaux où nous utilisons tout un arsenal de percussions découvert dans la salle de régie. Le fait d'avoir des instruments traditionnels, initialement, freine légèrement le pouvoir inventif du groupe. Pour beaucoup d'entre eux, c'est la première fois qu'ils tiennent dans les mains des maracas ou des castagnettes et ils doivent apprivoiser les sons. Ce qui hier était spontané devient voulu, pensé aujourd'hui. Nous organisons notre orchestre. En l'espace d'un quart d'heure, nous atteignons de nouveau à une communication profonde au cœur de la musique. Les garçons osent alors quelques initiatives rythmiques, bien placées dans un désir d'harmonie flagrant dont la preuve est la réussite sans bavure d'un decrescendo parfait sans concertation préalable, que l'on obtient bien souvent qu'après des heures de répétition.

Mercredi 22 décembre

Les portes auraient-elles disparu ? Je ne le pense pas. Cependant, elles s'ouvrent, se ferment, je les passe et les repasse, franchissant leur seuil sans plus les percevoir. Nous sommes un tant soit peu en avance. La routine s'installe, le temps n'existe plus. C'est la troisième matinée de la semaine prévue, toute une éternité s'est écoulée depuis lundi. Les surveillants sont amicaux, il me semble reconnaître leur visage. Ce matin tout le monde sourit. Les nuages s'auréolent de pastels roses et bleus, s'installent dans l'horizon encadré par le chambranle de la fenêtre du bureau des activités Sud. Pour un bref instant, le ciel surgit dans la pièce,

s'étale sur les murs, se cogne aux livres et, ir-
radie de nacre tendre les tasses de porcelaine
blanche, pétales de nénuphars sur l'onde de la
table. Court interlude au parfum de café avant
que les résidents ne descendent. Aujourd'hui
de l'innovation au programme. De toute évidence, après le résultat positif achevé hier, je
vais devoir ouvrir quelques voies supplémen-
taires.

Nous commençons par l'écriture. A l'aide
de papier à musique, je démontre le langage
musical annoté sur les partitions. Un traitement
succinct, mais complet de la clef de sol, la clef
de fa, les dièses, les bécarres, les bémols, les
gammes provoque quelques questions perti-
nentes de la part de l'auditoire. Je suis amenée
à expliquer la notation de la musique classique
indienne. R. est très intéressé et vraisemblable-
ment il attrape sans problème la conception de

l'existence de plusieurs idiomes musicaux rendus par l'écriture. J'insiste sur le fait qu'il y a des règles à respecter, que nous sommes uniquement libres dans un cadre prescrit, une structure à l'intérieur de laquelle toutes les improvisations sont possibles tant que les règles données ne sont pas transgressées.

Je fais suivre cette section théorique par des exercices de technique théâtrale : la pêche à la ligne et la mise en scène du prélude de Carmen : la joie, la gaieté, le drame. Les garçons entrent en contact avec leurs émotions profondes grâce à l'exercice vocal précédent sur le diaphragme. L'opéra étant un art temporel, je voudrais leur apprendre demain à étirer une émotion dans un laps de temps choisi, à mesurer un peu plus leur action en fonction de la musique ou en fonction d'un concept.

Leurs prestations musicales sont nette-
ment en progression depuis hier, à croire qu'ils
ne font que ça ! Je constate avec plaisir que de
ce fait leurs exigences vis-à-vis d'eux-mêmes
se sont accrues ; dans l'ensemble ils ne souf-
frent pas d'une ambition démesurée. Sans se
déchaîner comme des forcenés, ils produisent
un son homogène très correct, d'où seule leur
sensibilité humaine émerge. Ces hommes pos-
sèdent des capacités créatives irréfragables, ca-
pables de toucher aux dimensions essentielles
de l'existence, les atteignant plus par l'émotif
que par le cognitif. Grâce à la musique, le message passe et plusieurs d'entre eux plongent
spontanément dans le chant sans pour autant
cesser de jouer l'instrument rythmique choisi,
ce qui en soi est déjà un exploit. Tout musicien
professionnel pourra l'affirmer : rien n'est plus

difficile que de chanter et de jouer des percussions simultanément. E., tout en malaxant son
djembé, laisse entendre un ténor lyrique bien
posé. C'est la première fois qu'il chante. D. en-
tonne les refrains, Y. ose un solo et, c'est avec
surprise que je perçois distinctement les voix
de R. et de P.

Jeudi 23 décembre

(22. Atelier Sarah 5)

Comme à l'accoutumée, c'est après avoir franchi les grilles que je pénètre dans la section où l'atelier opéra a lieu. J'ai reçu un badge plus rouge qu'orange. S. m'annonce que nous devrons tout de même présenter un spectacle. Nous longeons les murs paille et saumon pour rester bloqués dans une portion de couloir. Le surveillant du contrôle de sécurité est absent. Son poste est désert, le fonctionnement d'appel des listes de résidents est totalement déréglé. Un centre pénitentiaire fonctionne telle une montre. Chaque rouage s'enclenche dans les créneaux d'un second. Qu'une seule pièce manque à son assignation et le système s'immobilise après le déroutement inquiétant de ses constituants ! Nous faisons partie du socio, on nous prête un surveillant de la buanderie. Heureusement nous pourrons travailler ce matin. Les garçons arrivent encore sous le choc de l'inquiétude qui s'était emparée d'eux. Nous accusons un léger retard dû aux pérégrinations carcérales.

Tous sont présents. De toute évidence, pas un d'eux ne voudrait manquer le travail. Nous ouvrons la séance par la lecture dramatique du livret. J.P. se propose pour jouer Don José en action, P. sera Escamillo, Y. Zuniga, T. Don José récitant, P. Prosper Mérimée. E. jouera un toréador, M. devient Lilas Pastia, J. -Ph., M. et D., seront tour à tour soldats, bandits et badauds. S., probablement le plus dramatique de la troupe, avec un talent théâtral indéniable, travaille encore pour une matinée avec nous, mais demain il sera en permission de Noël et ne pourra participer au spectacle ne réintégrant sa cellule que le 27.

La lecture du livret ouvre la discussion sur la personnalité et le caractère des personnages de l'opéra, la distinction entre l'œuvre de Mérimée et de Bizet. La discrimination entre la nouvelle et l'opéra est clairement perçue. Tout d'abord, je désire installer la sensation du filage en chacun, leur donner confiance, qu'ils osent lire en public et, par-dessus tout, qu'ils trouvent au fond d'eux-mêmes une interprétation plausible de leur personnage, l'importance n'étant pas de déclamer d'une manière imposée, mais de déceler en soi une corde sensible, être susceptible de concevoir le ton recherché concordant, si possible, avec la vision du metteur en scène. Tous, sans exception, se donnent pleinement.

Vendredi 24 décembre

(24. Atelier Sarah 6)

A l'entrée, je remarque des badges de toutes les couleurs dans un grand tiroir en bois de l'autre côté de la vitre. Au moins une centaine de petits cartons sont rangés bien sagement, serrés les uns contre les autres toutes teintes confondues. Je demande si je peux en recevoir un bleu pour s'accorder avec mon pull-over, car ce matin je suis tout en bleu. Les cheveux parsemés de minuscules peignes assortis, je me suis coiffée d'une queue-de-cheval. Indigo est ma couleur préférée. Je me suis laissée dire par un psychanalyste de mes amis que c'était le signe d'aspiration à la beauté. Le surveillant m'annonce qu'il ne peut m'en fournir qu'un rouge que, par ailleurs, je trouve plutôt orange. S.

pense que je blague, alors que je suis on ne peut plus sérieuse. Il m'explique que la couleur reçue correspond à l'endroit de la prison où l'on doit se rendre. Probablement que les couleurs changent également suivant les dates puisque j'ai eu droit à plusieurs teintes au cours de mes visites précédentes.

Le préposé aux rayons X détecte ce qu'il croit être un téléphone portable dans mon sac ; affolée je découvre qu'il s'agit de mon étui à lunettes. Il manipule quelques boutons et éclaire un écran permettant d'analyser l'intérieur des objets sans les ouvrir. Pratique pour lui !

Après le rituel du café, nous nous dirigeons vers le gymnase, où les participants sont déjà groupés hormis T. et M. qui nous rejoignent un peu plus tard. Une fébrilité certaine,

rappelant celle des soirs de première, s'est emparée du groupe. Nous décidons de passer à
l'action et installons la sono. Cela est loin d'aller de soi, mais cela se précise. P. se révèle un
technicien d'envergure, capable de manier
prises, fils et boutons avec dextérité et effica-
cité. Un quart d'heure plus tard, les baffles to-
nitruent l'ouverture de Carmen, les projecteurs
zèbrent la scène d'éclairs rouges, verts et
bleus ; mes tympans sursautent, deux micros
crachent des couinements lancinants dans l'espace. Les gars sont électrisés par le résultat ;
réchauffés d'une ardeur nouvelle, ils entament
cette dernière répétition.

T. s'avère un assistant-metteur en scène
parfait. Ayant saisi l'adaptation du livret dans
son ensemble, il se montre aimable, serviable
et utile, portant spontanément le micro tour à

tour à chaque interlocuteur, alternant ses répliques là où elles doivent se trouver.

Les morceaux musicaux commencent à bien s'équilibrer. Nous mettons en scène la bagarre d'Escamillo et de Don José, admirablement bien incarnés par E. et J.-P. qui se battent d'une manière très convaincante, pour être séparés par le reste du groupe. Quant à la scène finale, c'est par une arène symbolique que nous la représentons, le toréador maniant une cape théâtralisée, sous les bravos ardents de la foule en délire chaque fois qu'il affronte avec courage le taureau. Carmen meurt et Don José désespéré se rend à la justice. Rideau !

Concrètement, nous avons atteint en cinq sessions l'objectif fixé : monter un spectacle convenable autour de l'opéra Carmen en étudiant et comprenant le fonctionnement du livret, de la musique, des différents personnages, de la mise en scène et surtout l'importance de l'unité de groupe, du respect des règles établies, de l'autorité du metteur en scène et celle du chef d'orchestre.

Bibliografie

Balzac, H.

1953   *Splendeurs et misères des courtisanes*. Livre de Poche, Barineau, E.

1952   *Edition critique de Les orientales de Victor Hugo*. Marcel Didier. Paris

Bizet, G.

Carmen, Alkor Editie. Kassel

La jolie fille de Perth. Editions Choudens

Les Pêcheurs de perles. Schirmer's

La Coupe du roi de Thulé. Editions Choudens

L'Arlésienne. Editions Choudens

Brown, D.

1983 *Tchaïkovsky The crisis years- 1874-1878*. New York

Creech, J.

1989   *A New History of French Literature.*

Hollier. Cambridge

Cucuel, G.

1914   *Les créateurs de l'Opéra-Comique*

Français. Félix Alkan Paris

Curtis, M.

1958   *Bizet and his world*. New York .

David, F.

1844   *Le Désert*. Partition.

Delibes, L.

1883   *Lakmé*. Partition.

Deutcher Bühnen Verein.

1982-1997   Cologne

Falques, E.

1908   *Voyages et traditions*. Payot

Paris

Flaubert, G.

          Salammbô. Le livre de poche.

Franck, G.

1976   « Nietzsche & Bizet », Opera Journal, sept.

Gilman, E.

1987   *Difference and Pathology*. Minneapolis

Gounod, C.

1862   *La Reine de Saba*. Partition.

Halévy, L.

1905   *La millième représentation de Carmen*. Le Théâtre n° 145

Hugo, V.

        Notre-Dame de Paris. Le livre de poche

Massenet, J.

1894   *Thaïs*. Partition

Mérimée, P.

        Carmen et treize autres nouvelles. Editions Gallimard. Paris

Nietzsche, F.

1967   *The case of Wagner*. Vert. Kaufmann, W. New York

Saint-Saëns, C.

1877   *Samson et Dalila*. Partition

Theweleit, K.

1987   *Male Fantasies*. Minneapolis

Whittall, M.

1985   *Realism in Nineteeth Century Music*. Cambridge.

Remerciements

Je voudrais vous remercier d'avoir acheté et lu *Carmen*. J'espère que vous y avez trouvé du plaisir.

Je vous serais extrêmement reconnaissante si vous pouviez mettre un commentaire sur la plateforme où vous l'avez téléchargé, cela m'aiderait beaucoup pour savoir comment améliorer mes écrits dans le futur.

Par ailleurs, si vous désirez être tenu au courant de mes prochaines publications, et la date de parution de mon prochain livre, veuillez m'envoyer un mail en mentionnant dans l'objet « parutions livres » mail à cette adresse:

Clementml@me.com

N'ayez crainte, je suis très respectueuse de la vie privée de chacun et votre adresse mail sera en sécurité. Il va sans dire que je ne la transmettrai à personne. N'ayez non plus pas peur d'être inondé de mails de ma part, je ne sors pas un livre toutes les semaines!

D'autre part, si vous êtes intéressé à connaître mes autres sujets de prédilection, vous pouvez vous rendre sur ma page auteur Amazon: http://amzn.to/1p1wpqO

Vous pouvez aussi me suivre sur

mon blog: www.aventurelitteraire.com

ma page FaceBook:

https://www.facebook.com/muriellelucie-clementpage/

mon site perso:

www.muriellelucieclement.com

Table des matières

Bonus 1

Crime à Amsterdam

Prologue

Assis sur le marchepied du fourgon, l'homme buvait un verre d'eau offert par un pompier. A ses pieds, un corniaud noir et blanc, tournait la tête de droite à gauche.

C'était le printemps. Les pruniers, en pleine floraison, éclairaient la digue de leurs touffes roses et semblaient vouloir rejoindre les ombellifères blanches au sol. Une profusion de verts fragiles couvrait d'une toison aérienne les branches, commençait à masquer le soleil pusillanime mais, persistant. Les zébrures rageuses des gyrophares concurrençaient son éclat à cette heure matutinale.

Gracieux, un couple de cygnes, suivi de

sa progéniture, traçait un sillon dans le glauque de la Ringvaart. Sur la berge, des dendrocygnes, reconnaissables à leur ventre haut sur pattes, faisaient bande à part, menaçant de leur bec des jeunes malards indécis qui tentaient de s'unir à leur groupe.

Casqués, bottés, ceinturés, les yeux et les lèvres bardés d'appareils reliés à des fils qui disparaissaient sous leur blouson, deux motards en tenues d'extraterrestre plantèrent leurs bécanes en équilibre sur les béquilles en bordure du chemin et s'approchèrent de leurs collègues.

Un pompier enveloppa l'homme d'une couverture.

« Ça va aller ? » Le vieux branla du chef en signe d'acquiescement. Il reprenait des couleurs.

La brigade du fleuve garait une camionnette. Une équipe en sortait le matériel de plongée. Des voitures se rangeaient en bas du talus. Un sergent tendait un ruban de plastique rouge et blanc pour barrer le passage. Le vieil homme soupira. C'était exactement comme il l'avait vu à la télévision. Un autre policier, un peu plus loin, intimait aux cyclistes de faire un détour.

D'une voiture banalisée sortirent deux inspecteurs. Après avoir conversé brièvement avec le planton, ils soulevèrent le ruban et passèrent en dessous. Habitués aux scènes de crimes les plus sanglantes ils cillèrent tout de même devant le spectacle à demi enfoui dans la verdure.

Les paupières larges ouvertes sur des yeux bruns qui ne voyaient plus le ciel… La jambe droite formait un angle bizarre avec son

corps comme si la jeune femme s'était déhan-
chée pour escalader un obstacle trop haut pour
elle. Son bras droit était relevé par derrière, la
main ouverte vers les nuages. Elle était complètement nue. Ses longs cheveux éparpillés
autour de la tête lui faisaient une couronne on-
dulée.

Un faucheux se hissa lestement d'une
mèche sur la tempe. De ses longues pattes
grêles, il tâtait avec hésitation les bords sangui-
nolents de la croix gammée tailladée sur le
front blanc. Un autre svastika, beaucoup plus
large celui-là, se répétait sur le torse amputé de
ses deux seins. À la place des deux mamelons,
la chair découpée laissait percer la cage thora-
cique.

Un pétale rose tournoya lentement dans
l'air frais du matin et vint se poser délicatement
au creux de la paume de la main droite.

Hartevelt et Krijger n'avaient pas échangé une seule parole quand le photographe leur demanda de se bouger un peu sur le côté. Il tournait autour de la victime, le flash crépitant, désireux de n'oublier aucun angle possible. Il travaillait vite et en silence, concentré.

Le médecin légiste se relevait.

– Heure du décès ? interrogea Hartevelt.

– Difficile. Elle est nue. L'herbe est humide de rosée, mais elle est refroidie, rigide et les lividités ne disparaissent plus sous la pression des doigts. Je dirais que la mort remonte à plus de douze heures. La température est de quinze degrés. Elle a passé la nuit, du moins une partie de la nuit, dehors et elle a été tuée autre part. De toute évidence, le corps a été trimballé. L'ablation des seins et l'entaille en forme de croix sur le torse ont été effectués *post mortem*.

Pour celle du front, j'opterais pour *ante mortem*. Les coupures y sont peu profondes. Plus de peur que de mal ! Je pense aussi que votre fille a été bâillonnée avec un ruban adhésif ôté après le décès. Ne me demandez pas pourquoi. À vous de le découvrir. Oh, oui. Une petite indication supplémentaire. Je pourrai uniquement le préciser après l'autopsie, mais c'est le coup sur le crâne qui lui a été fatal. Les marques de strangulation sont trop légères pour avoir entraîné la mort. D'autre part, elle a été ligotée. Regardez ses chevilles et ses poignets.

– Merci. Pour l'heure du décès, plus de précisions seraient bienvenues.

– Oui, mes chéris ! Je vous envoie cela dans mon rapport préliminaire. Vous l'aurez demain matin sur votre bureau.

– Pas avant ?!

– J'ai encore quelques garçons au frigo qui attendent avec impatience que je leur témoigne un peu d'affection. De plus, mon assistante Sonia est en congé maladie pour une semaine. Alors, soyez gentils les gars ne me demandez pas l'impossible ! »

Sur ces paroles, il referma sa valise et arracha ses gants de caoutchouc, fouettant l'air d'un chuintement bref.

D'un commun accord, Hartevelt et Krijger allèrent vers l'homme et son chien. Oui, presque tous les jours il suivait la digue pour sortir Rikki qui entendant son nom se mit à frétiller de la queue. L'homme lui caressait machinalement la tête en pleurant. Il avait un léger accent. Oui, il venait toujours de bonne heure car il dormait peu. Bien, mais peu. Il faisait une dernière sortie vers les onze heures

onze heures et demie selon les programmes de
télévision et il se couchait de suite en rentrant
pour se réveiller vers les cinq heures. Il s'ha-
billait, buvait un bol de café et sortait. Il mar-
chait d'abord sur le Transvaalkade en direction
de la Wibautstraat et passait le pont. Il lâchait
Rikki sitôt sur la digue.

Le chien batifolait à son habitude et vers
le milieu, il s'était mis à aboyer, puis à gémir
et s'était couché pour l'attendre, lui. En arri-
vant à sa hauteur, l'homme avait aperçu le
corps. Non, il ne s'était pas approché. Il avait
sorti son portable de sa poche et composé le
numéro des secours. Pourquoi il ne s'était pas
approché ? Mais, il avait fait la guerre et il re-
connaissait un macchabée à dix mètres, pardi !

Hartevelt ne pouvait lui donner tort. L'aspect de la poitrine, visible de loin, était assez
éloquent. Oui, il avait attendu pour montrer

l'emplacement exact aux policiers et tenu Rikki en laisse pour qu'il n'aille pas fouiner. S'il voulait bien répéter son nom ? Monsieur Wolff. Hermann Wolff. Deux f. Deux n. Oui, il passerait au bureau dans la matinée faire une déposition officielle.

Bonus 2
Crime à l'université

Prologue

Les trams grinçaient sur leurs rails et les trains faisaient trembler le macadam des quais. Ce charivari continuel, d'où se dégageait une âcre odeur de fer chauffé, couvrait des passagers les conversations devenues murmures dans cette incandescence sonore. Seuls les criaillements des mouettes dominaient l'air tiédi sous la verrière de plomb. Les sansonnets pépiaient à la recherche de miettes quelconques. Du remue-ménage ambiant s'élevait parfois les pleurs d'un enfant traîné à la main d'un parent énervé. Un coup de sifflet strident annonça un départ et une voix nasillarde sans trace d'émotions, laissa échapper en plusieurs langues, l'heure d'une arrivée.

La gare centrale, construite entre 1881 et 1889 par P. J. H. Cuijpers, possédait six quais si l'on omettait le prolongement du quai numéro deux. En fin d'après-midi, vu de l'extérieur, le bâtiment austère comme tous ceux d'Amsterdam, s'illuminait, les jours ensoleillés, d'une aura évanescente, transmise par les couleurs de ses briques, rehaussées d'ornements d'un blanc plâtreux sous la pluie mais, qui sous les rayons, éclataient de luminosité. A l'intérieur, la verrière laissait filtrer une lueur blafarde, quelles que soient les circonstances météorologiques. Une odeur de rails surchauffés, de graisse et de sueur assaillait tout voyageur à son débarquement.

Arrivée à destination, Gabrielle Sonar décida de rejoindre à pied le bâtiment de l'université.

Un peu de marche lui ferait du bien. Elle passerait à la bibliothèque rendre les livres empruntés dont elle n'avait plus besoin et verrait si l'exemplaire de Lévi-Strauss était disponible. Au lieu de prendre la Spuistraat, elle préférait longer le canal Singel. Gabrielle n'aimait pas trop passer devant les vitrines éclairées en rouge où des femmes à moitié nues y attendaient le client. Vêtue d'un bikini rendu plus blanc que blanc par un néon violet et de cuissardes noires en fourrure léopard s'évasant en haut des cuisses, l'une d'elle la mettait foncièrement mal à l'aise. Franck, son mari, venu la chercher un soir à la fin des cours, lui avait confié l'envie de lui rendre visite. Gabrielle s'était gardée de l'interroger sur la mise à exécution de son projet ou s'il s'agissait d'une blague d'un goût douteux. Toujours est-il, à partir de ce jour, elle s'imaginait surprendre un air narquois dans le regard de la prostituée. C'était ridicule ; elle en était consciente. La fille ignorait tout d'elle et ne pouvait en aucune façon la reconnaître si Franck, par hasard était devenu son client. Sa chambre, éloignée de l'université, ne lui permettait pas d'en discerner l'entrée. Mais, depuis cette déclaration de Franck, Gabrielle évitait soigneusement la Spuistraat, par ailleurs médiocrement alléchante avec ses boutiques disparates pauvrement disséminées.

Gabrielle était loin d'être prude. Ce n'était pas cela. Elle ne dédaignait pas la gaudriole et une partie de jambes en l'air à l'occasion ne la rebutait nullement. C'était différent. Savoir que Franck lui était parfois infidèle ne prêtait pas à conséquence. Elle-même n'avait pas toujours su résister à la tentation et n'en avait pas non plus vu l'exigence. Leur mariage se fondait sur des intérêts communs. Lorsqu'ils étudiaient tous les deux, elle avait arrêté la fac après sa maîtrise pour permettre à Franck de poursuivre jusqu'à l'obtention de son doctorat et trouver un poste bien rémunéré. Elle faisait bouillir la marmite, acceptant toutes sortes de petits boulots inintéressants sauf du point de vue pécuniaire. Elle avait donné pas mal de leçons de français, ce qui lui permettrait, elle l'espérait, d'occuper un poste d'enseignante après son doctorat. Pour l'instant, elle faisait de l'assistanat de professeur ce qui lui procurait une indépendance financière non négligeable. Franck assumait le gros des charges du ménage, l'hypothèque de la maison et les dépenses courantes.

Gabrielle poussa le tourniquet de verre. Le portier lui rendit son signe de tête. Elle s'engouffra dans l'ascenseur et appuya sur le bouton de son étage. Son casier postal était vide. Elle déverrouilla la porte du bureau qu'elle partageait avec Eva Struiter et une odeur indéfinissable, mais où prédominait le tabac froid lui assaillit les narines. Sa collègue avait encore fumé malgré l'interdiction. Elle le lui dirait tout à l'heure, les affaires sur la chaise devant l'ordinateur allumé dénotaient sa présence dans le bâtiment. Eva ne devait pas penser qu'elle était dupe. Elle ouvrit la fenêtre et pris le chemin de la bibliothèque un étage plus bas, refermant la porte à clé derrière elle.

Eva discutait probablement au quatrième étage avec son directeur de thèse, Alf van Duijn. Son projet l'avait embarquée dans des traverses d'où elle voulait sortir au plus vite sous peine

de s'y perdre de façon irrémédiable, maintenant que sa thèse était terminée. *La Chanson de
Roland : AOI, significations et élucidations
(Gautier, Bédier, Mortier)*. Une question centrale qui avait laissé Alf pantois. D'autant plus
que le nouveau professeur, Xavier Laroche,
rencontré lors d'une conférence à Lille, s'était
révélé enthousiasmé par le sujet. La différence
culturelle entre un Français et un Néerlandais
jouait à coup sûr dans leur appréciation respec-
tive.

De retour dans son bureau, Gabrielle brancha
la bouilloire électrique pour se faire un thé avec
le petit pain aux raisins, acheté à la cantine en
passant. Elle s'assit devant son ordinateur, le
mit en route et consulta ses courriels. Franck
avait téléphoné et annoncé un article à terminer

d'urgence qui le retarderait d'une heure environ. Sa voix trahissait l'impatience de la voir qu'elle connaissait bien. Elle était sans inquiétude, ce ne serait pas la première fois qu'ils se prouveraient leur attraction mutuelle sur le terrain de la faculté des Lettres ou ailleurs. « Aucun problème » lui avait-elle assuré. Elle se consacrerait à Joséphine.

Joséphine Baker chante La Petite tonkinoise *dans un texte proche de celui de Lekain – même occultation du vocabulaire sexuel – mais elle narre tout de même une histoire similaire à la version de Polin. L'homme y est le grand séducteur, ce qui a dû plaire aux mâles français de l'époque. Joséphine Baker prête sa voix à la femme indochinoise conquise par le colonial irrésistible et qui en est heureuse. Quant aux films de Baker, ils reproduisent* ad infinitum *le*

canevas exotique déjà mis en évidence dans les
chapitres précédents.

Relevant la tête de son écran, Gabrielle aperçut
dans une chambre d'hôtel de l'autre côté de la
rue, un homme évoluer nu, inconscient de sa
présence. Fugitivement, Eva lui traversa l'esprit. Tant de fois elles avaient évoqué cette situation en riant. Elle pourrait lui dire que cela
n'avait rien d'utopique, mais ralliait le monde
des possibles.

Cependant le rôle de la femme exotique s'in-
tensifie dans les scénarios cinématogra-
phiques. Elle n'est plus uniquement soumise ;
elle prend une part active à l'histoire en sau-
vant la vie d'un héros français, son amant par-
fois, pour disparaître de sa vie et abandonner

la place à une Française. Cette dernière per-
mettra à son amour de trouver le véritable bon-
heur auprès d'une compatriote.

Gabrielle écrivait déjà depuis plusieurs heures. La nuit était tombée et l'écran répandait une lueur bleutée dans la pièce. La porte s'ouvrit sans bruit, tourna sur ses gonds dans son dos. Absorbée dans la relecture de son article, Gabrielle était sourde aux pas feutrés qui s'approchaient avec précaution. Deux mains encerclèrent soudain sa gorge. « Pas un geste, pas un son, » siffla une voix qu'elle reconnut aussitôt. Mais, déjà les doigts de Franck glissaient sur ses épaules s'incrustant dans son décolleté ; il la basculait en arrière, lui embrassait tendrement le front, la levait de sa chaise pour la maintenir contre lui. Elle sentit son désir et re-

monta sa jupe jusqu'aux hanches. Leurs bai-
sers devenaient plus pressants maintenant qu'il
fourrageait d'une main entre ses cuisses et dé-
grafait son pantalon de l'autre. « Ah, comme
j'aimerais être écossais, » soupira-t-il la voix
rauque en la plaquant le dos à l'armoire en fer.
Il la souleva du sol, lui serra les jambes autour
de sa taille et entra en elle d'une secousse
brusque qui lui arracha un cri.

Elle distinguait mal ses yeux dans la pé-
nombre, mais savait qu'il scrutait son visage y
guettant la montée du plaisir. Elle s'agrippait à
lui, jouissait des ondes de béatitude qui la sub-
mergeaient par vagues et l'amenaient à l'or-
gasme. L'ardeur amoureuse de plus en plus fré-
nétique eut raison du verrou de la porte qui
céda avec un bruit sec sous le choc de leurs
ébats. L'un des battants s'ouvrit dans une dernière secousse et avec fracas cogna le mur ce

qui les fit rire. Gabrielle tenta de le refermer à tâtons et se raidit. Sa main avait frôlé une brosse qui n'aurait pas dû se trouver là. Franck fixait lui aussi le trou béant et ses yeux s'écarquillaient. Sans ménagement, il reposa Gabrielle au sol qui tourna la tête et vit ce qu'il voyait. Eva, coincée dans les livres et les étagères en quinconce, les contemplait d'un regard absent. Morte.

Imprimé à CreateSpace

Mars 2017